Empowering through

DETOX

자녀를 빛나게 하는

디톡스교육

최하진 지음

나무&가지

추천의 글 1

김은호
오륜교회 담임목사, '꿈이 있는 미래' 대표

　최하진 박사님의 『세븐파워교육』에 이어 『자녀를 빛나게 하는 디톡스교육』을 읽어보는 순간 '바로 이거다' 하고 무릎을 '탁' 쳤습니다. 최박사님의 교육에 대한 혜안과 실천방법에 놀라지 않을 수 없었습니다. 보통의 사람으로는 도저히 생각할 수 없는 새로운 시도와 결실들의 원동력은 도대체 어디서 나오는 것일까 궁금하지 않을 수 없었습니다. 그런데 바로 이 책 속에 해답이 있었습니다. 학생들에 대한 사랑과 헌신 그리고 열정이 바로 그 비결이었던 것입니다. 책을 읽는 내내 예수님의 삶과 그분의 말씀이 오버랩 되었습니다.

　나는 선한 목자라 선한 목자는 양들을 위하여 목숨을 버리거니와
　(요한복음 10장 11절)

　많은 사람들이 우리 다음 세대에 관해 많이 고민하고 걱정하지만 거기까지일뿐입니다. 어떻게 하면 우리의 자녀들을 옳고 바른 길로 안내할지 그 지혜와 방법을 몰라 헤매고 있는 이 시대에 이미 본보기를 보여주고 있는 『자녀를 빛나게 하는 디톡스교육』이 세상에 나온 것은 우

리와 자녀들에게 축복이 아닐 수 없습니다.

제가 섬기고 있는 '오륜교회'는 다음 세대에 대한 강력한 비전과 사명을 가지고 있습니다. 한국 교회의 미래가 바로 어린이들과 청소년들에게 있기 때문입니다. 교회가 깨어나지 않으면 안 됩니다. 오륜교회는 '꿈이 있는 미래'라는 주제로 다음 세대를 위한 양육 프로그램을 개발하여 실행 중에 있는데, 이 사역을 전개해나가는 데 있어서 최하진 박사님의 『자녀를 빛나게 하는 디톡스교육』은 저에게 엄청난 통찰력을 주고 있습니다. 무엇보다 이론만이 아닌 이론과 실제가 합쳐져 있어 다음 세대를 위한 필수적인 교과서와 같은 책이라고 확신합니다.

최하진 박사님의 『자녀를 빛나게 하는 디톡스교육』을 강력히 추천합니다. 진정한 교육은 자녀들에게 단순히 '하라', '하지 마라'라고 외치는 것이 아니라 가르침과 꾸짖음, 교정과 훈련을 적절히 배합하여 각종 좋은 것을 흡수하도록 해야 합니다. 이것이 바로 파워를 올려주는 디톡스, 즉 해독의 원리입니다. 하나님은 우리를 강하게 하십니다. 즉, 말씀으로 디톡스해주심으로 우리로 하여금 세상을 능히 이기게 하십니다.

이 책을 통해 관계력을 좋게 하는 네트워크 파워, 마음의 근력을 건강하게 하는 멘탈 파워, 스트레스를 몰아내고 행복한 공부를 하게 하는 브레인 파워, 거짓과 이기심 대신에 정직과 배려와 사랑이 넘치는 모럴 파워, 게으름과 방종을 쫓아내는 성실과 섬김의 리더십 파워, 식습관의 개선과 운동을 통한 바디 파워, 특히 그중에서도 하나님과 함께하심을 경험하며 세상을 능히 이기게 하는 스피리추얼 파워가 놀랍게 향상되는 것을 경험하시게 될 것입니다.

추천의 글 2

최재형
학부모(사법연수원장, 現감사원장)

만방국제학교로 떠난 아들이 한때 힘든 시간을 보냈습니다. 만방에서의 새로운 교육을 통해 변화하며 겪는 고통이었습니다. 최하진 박사님의 책『자녀를 빛나게 하는 디톡스교육』을 읽으면서 그것이 바로 공부와 생활에서 부정적인 요소를 제거하는 디톡스 과정을 통하여 겪는 명현반응이었다는 것을 알게 되었습니다. 이제는 디톡스와 임파워링 과정을 통해 밝고 긍정적으로 변화되어가는 아들의 모습을 보며 감사하고 있습니다.

『자녀를 빛나게 하는 디톡스교육』에는 위클리 테스트 결과를 통해 성적이 아닌 삶의 문제들을 진단함으로써 행복한 공부의 비밀을 깨닫게 해주는 실제 사례들, 소극적이고 자존감이 낮아 사람들에게 쉽게 다가가지 못하며 인간관계가 좁았던 학생이 디톡스와 임파워링 과정을 통해 선한 능력의 소유자로 성장해가는 이야기가 담겨 있습니다. 또한 우수한 성적임에도 행복하지 못했던 학생이 자신 속에 감춰진 인정받고 싶어 하는 독, 우월감과 시기심의 독을 빼면서 겸손으로 섬기는 리더로 성장해가는 이야기 등 만방에서 변화하고 성장해가는 아이들의 생생한 이야기들이 담겨 있습니다.

자녀를 빛나게 하는 디톡스교육

성적 때문에 걱정하는 학생에게 공부를 쉬고 놀아보라는 숙제를 내주고 대학입시를 열흘 앞둔 학생에게 공부 금지령을 내리는 선생님, 그 선생님의 가르침을 믿고 순종하는 학생. 이런 학교를 사람들은 세상 물정을 모르는 학교라고 할지도 모릅니다. 그러나 하나님과의 관계를 회복함으로써 공부하는 목적을 스스로 찾아가게 되고, 공부는 스펙을 쌓는 것이 아니라 이웃에게 나누어줄 것을 담는 과정이라는 것을 깨닫고, 자아성취에 앞서 하나님 앞에 자아를 부인함으로써 자신의 꿈을 좋은 직업이나 세상에서의 성공이 아닌 여러 사람에게 선한 영향력을 발휘하는 삶으로 바꾸어가는 등의 감동적인 이야기들은 공부와 성공에 대한 우리의 생각을 새롭게 해줄 것이라고 믿습니다.

'세븐파워'라는 패러다임으로 하나님으로부터 분리되면서 우리 안에 쌓이기 시작한 독들을 진단하여 디톡스하고 임파워링하는 교육을 만방에서의 실제 사례들을 통해 설명한 이 책은 공부를 열심히 하여 좋은 학교에 진학하는 것만을 목표로 달려온 학생이나 부모, 선생님들에게 신선한 충격이 될 것입니다.

오랫동안 재판 경험을 통해 많은 사회적 문제들이 잘못된 가치관과 그러한 가치관을 강화하는 교육에서 비롯되었다는 것을 보았습니다. 디톡스와 임파워링을 통하여 하나님이 보시기에 건강하고 올바른 가치관 위에서 사회를 변화시키고 이끌어나가는 예수님을 닮은 서번트 리더들이 더욱 많이 세워지길 기도합니다.

추천의 글 3

서재걸
포모나자연의원 대표원장, 치의과대학교 통합의학대학원 교수,
각종 TV 건강프로그램 베스트 강사, 『서재걸의 해독주스』 등의 저서 다수

많은 의학 전문가들이 채소에 열을 가하면 비타민과 영양소가 파괴되니 생으로 먹어야 한다고 말하던 시절이 있었다. 나는 의문을 가지고 열을 가한 채소를 먹어봤고, 머리가 맑아지며 몸이 가벼워지는 경험을 하였다. 이 경험을 통해 나는 절대적이라고 믿었던 과학적 사실이 상대적일 수 있다는 것을 깨달았고, 오랫동안 편견과 두려움으로 포장된 지식은 결국 누군가에 의해 벗겨지며 그 본질이 우리를 자유롭게 한다는 것을 알게 되었다. 이 작은 경험이 대한민국을 발칵 뒤집어 놓았는데, 그것은 바로 내가 발견한 '해독주스' 때문이다. 해독주스가 전 국민에게 알려지면서 몸이 좋아지는 많은 사례자들이 나타나게 되었고, 대한민국에 해독 열풍이 불게 되었다.

얼마 전 우리 병원의 부원장님을 통해 최하진 박사님을 알게 되었는데 놀랍게도 최 박사님은 중국 만방국제학교에서 디톡스교육을 하시면서 해독주스를 소개하고 실천하고 계셨다. 정말 작은 일(채소에 열을 가한 것) 하나가 대한민국을 넘어 중국에까지 크게 확장되는 걸 보면서, 지경을 넓히시는 하나님의 크신 능력에 감사할 수밖에 없었다. 또 이번에

자녀를 빛나게 하는 디톡스교육

최 박사님이 쓰신 『자녀를 빛나게 하는 디톡스교육』은 의학 전문가들도 쉽게 깨닫거나 풀이하지 못하는 해독의 개념을 폭넓게 이해하여 쉽게 풀이하고 있는 값진 책이다.

하나님은 이 땅에 독을 주시지 않았다. 우리 인간이 만들어낸 것이다. 하나님은 우리가 해독, 즉 디톡스되기를 원하신다. 내가 몸의 건강을 위한 해독을 이야기했다면 최하진 박사님은 정신과 영혼의 건강을 위한 해독에 대해 말씀해주신다. 비교의식, 열등감, 지나친 우월감 등 이 모든 것들이 독소이며, 이 독소를 해결하는 방법을 하나님의 말씀에서 찾을 수 있다는 것이다. 이 책이 많은 사람들의 정신과 영혼을 해독함으로써 진정한 건강을 만드는 데 기여하리라 믿어 의심치 않는다.

추천의 글 4

Charles J. Brainer

Ph.D. Dean, International Programs | Director, Spencer Centre for Global Engagement |
Taylor University, U.S.A.

As I write this, it is spring in the Midwest region of the United States. Outside, plants and trees are waking up from a long winter and are starting to bud and grow. My lawn is starting to green and grow as well.

Yet, despite all the evidences of "life" I see outside my window, I also know that this is a critical time to make a treatment to the grass to attack potential weeds. If not, these weeds will sprout up, take root, and spread throughout the entire lawn.

As educators, we are focused on growing young minds (and hearts). We pay much attention to curriculum, books, tests and teaching. But what about the "weeds" that exist that prevent the successful "planting" of learning in our students? Sometimes we proceed with our teaching as if we have blank states in front of us. But we don't. We are in competition with social, moral, and yes, even technological distractions to the energies and focus of our students.

As educators, we face substantial negative challenges in teaching our students. This is why Dr. Choi's new book on Detox Education is so welcome at this time. We, as educators, need to be as diligent with rooting out the "weeds" that distract our students as with the goals we have for adding to our students' learning.

A small, but illustrative example. If you walk down the halls of 만방국제학교 you won't see students looking down (at their cell phones). They don't have them. On each floor of the school, you will notice something our younger generation does not even recognize: a phone on the wall with a cord attached! The result? Students stay focused on learning and on connecting with their teachers, lessons, and fellow students – not virtually, but in real time. This seems like a small example but it is powerful in the extent of its impact on learning.

The education of 만방국제학교 is distinctive and has resulted in quality whole-person education for many years. Dr. Choi's new book demonstrates that 만방국제학교's exceptional educational model continues to develop and it also firmly establishes 만방국제학교 as a true leader in education worldwide.

추천의 글 5

John Liang
Professor of Education, Biola University

Far too often, we define a good education by test scores. In our perceptions, the high the test scores, the more likely the students can get accepted into a prestigious university, which may lead to a high-paying job, which in turn means an easier life. It is therefore not surprising to see many parents do everything they can to send their children to a school reputed for outstanding performance on state tests. This happens in Korea. It also occurs in the U.S. It happens everywhere where name, power, and wealth are what people value the most.

Recognizing that this worldly value runs against biblical teachings. Many Christian parents desire an education that is different. Yet, many have misconceptions of the different education they desire. Some believe that as long as the teaching staff and leadership are believers, they are offering Christian education. Some believe that as long as they teach the Bible, they are offering an education that is rooted in Christian faith. Still others believe that a good Christian school education needs to teach both the Bible and academic skills. While these positions are not completely incorrect, they have a reductionist view of biblically-rooted school education.

In this new book by Brother Choi, he will take you on a journey to explore biblical principles that will guide us to shape a school education that is after His heart. Yet, Brother Choi will not present the principles in abstract, philosophical terms only; instead, he will present cases from the real classroom for illustration and offer his cogent, thought-provoking explanations. As you read through the book, you will come to a good grasp of what true biblically based school education is about: it is about helping students to understand their self; about leading students to find the true joy in their lives; and about cultivating a commitment in students to living a life that shares the joy with the world. As you read along, you will also come to a good understanding of the nature of biblically-based school education: it is more than a goal; it is a process. It begins with leading students into the truth, proceeds with change in heart and in deed, and culminates in a commitment to make a difference in the world for the Lord Jesus Christ. This whole process, as you will see, is joyful, worshipful, and transformational!

Dr. John Liang
Los Angeles, California
April 13, 2017

Contents

프롤로그

4월 12일, 북경대학교 시험을 보고 온 정민이와 통화 중에 시험을 잘 보았느냐고 물었더니 잘 보았다는 대답과 함께 "시험을 보고 온 친구들 모두가 평안하고 즐겁다네요"라고 말하면서 이럽니다.

"대학 진학 시험을 보았다기보다는 최고의 예배를 드리고 왔어요."

보름이 지나고 면접을 보고 온 녀석과 다시 통화하면서 면접에 대해 물었더니 전 세계에서 몰린, 중국어가 모국어인 해외 화교 학생들도 함께 면접을 치렀는데 그 친구들보다 대답을 잘한 것 같다고 말하는 게 아니겠습니까. 녀석이 수학에서 만점을 맞고 대체적으로 시험을 잘 보았다는 말을 들었음에도, 늘 걱정주머니를 서너 개씩 달고 사는 우리 부모는 또 물었습니다.

"시험을 잘 봐도 면접에서 떨어지기도 한데니?"

그러자 15% 정도는 떨어진다면서 하는 말이, "최선을 다했는데 떨어지면 하나님의 뜻이 다른 데 있겠지요."라고 대답하는 녀석을 옆에 있었으면 한 대 쥐어박고 싶었습니다. 명색이 목사인 아빠의 입을 순식간에 막아버리는 이런 못된(?) 녀석은 한 대 맞아야 되거든요.

초조한 심정으로 최종 결과를 기다리고 있던 화요일, 강의차 오신 최 박사님과 티타임을 가졌는데 아직 최종 결과를 몰라 한턱 낼 곳에 못 내고 있다고 하자, 최 박사님은 "믿음으로 먼저 턱을 내야지요"라고 나무라는 것이 아니겠어요. 만방학교 선생님들은 아이들이 어느 대학에 붙었느냐에 대한 것보다 차원이 더 높은 곳에 관심을 두고 있다는 이야기를 들으면서 전혀 예기치 않은 곳에서 또 한 대 맞고는 어리둥절하고 있는 중입니다. 믿음과 현실의 괴리를 아이의 대학 진학을 앞에 두고 확연하게 경험하는 시간이었습니다.

저는 만방학교가 아이들에게, 어른들을 부끄럽게 만드는 공부를 가르치고 있다는 결론을 내렸습니다. 감사합니다. 부모보다 잘 키워주시고 이끌어주셔서 감사합니다. 대학에 합격해서가 아니라(솔직히 그도 그렇지만) 세상의 가치가 아닌 하늘의 가치관으로 무장하고 세상을 살아가는 비밀의 통로로 이끌어주셔서 감사합니다. 여전히 감추고 있어서 알 수 없는 비밀이 아니라 드러났음에도 발견하지 못한 채 아직도 비밀인 줄 알고 살아가는 사람들이 즐비한 이 땅에서, 그 비밀을 캐내어 누리고 살아가는 아이들로 훈련시켜주셔서 감사합니다.

누구라도 곁에 있으면 사랑으로 꼭 안아주고 싶은 마음입니다.

정민 아빠 드림

"아이들을 치열하게 교육하자고 하지만 분명한 가치와 목표를 갖고 신나서 공부하는 학교, 힘은 들어도 기꺼이 즐겁게 감당할 줄 아는 법을 배우는 학교, 학생에게 강요하는 것이 아니라 선생님들이 먼저 헌신하는 모습을 보여주는 학교, 세상을 넘어서는 거룩한 꿈을 위해 인생을 불태우도록 돕는 학교, 그런 학교를 만들어보자!"

　이러한 바람을 가지고 십여 년 넘게 아이들을 교육해왔는데, 감사하게도 수많은 간증거리가 쏟아져 나왔다. 정민 아빠의 고백과 같이 끝없이 하나님 나라의 인재들이 쏟아지길 기도하며, 한 글자 한 글자 정성을 쏟아 '파워 인재 양육'의 비밀을 파헤쳐 볼까 한다.

PART 1

디톡스^{Detox}가 필요하다

1장
모세의 독

'모세' 하면 가장 먼저 떠오르는 것은 바다가 갈라지는 그곳에 우뚝 선 한 사람, 홍해를 건너 광야에서 이스라엘 백성들을 인도하는 지도자의 모습이다. 홍해가 갈라지는 순간은 상상만 해도 짜릿하고 소름이 돋는다. 하지만 모세 또한 우리와 다를 바 없는 인간이었다. 이집트 왕궁을 나온 이후, 40여 년 동안 지극히 평범한 삶을 살았던 모세의 인생에 큰 전환점이 찾아온 때는 그가 80세가 되던 해 어느 날이었다.

모세는 평소처럼 양들을 이끌고 가다가 불꽃이 계속 타오르는 떨기나무를 발견한다. 전에 없던 이상한 현상을 보면서 그는 혼잣말을 내뱉는다.

"내가 돌이켜 가서 보리라."(I will turn aside and see)

그가 떨기나무 가까이 다가갔을 때, 그곳에서 부드럽고 장엄하며 경외감마저 느껴지는 목소리가 들렸다. 그것은 이전에는 들어보지 못했던 거룩한 음성이었다.

"모세야, 모세야. 네 신을 벗어라. 네가 선 곳은 거룩한 곳이니라."

이때부터 모세의 삶은 하나님과 함께하는 인생으로 바뀌게 된다. 하나님은 그에게 사명을 감당하도록 다그치지 않으셨다. 하나님은 먼저 모세의 독을 제거하는 '디톡스' 과정을 밟으셨다.

출애굽기 3, 4장에서 하나님과 모세의 대화를 보면 모세가 어떤 독을 가지고 있었는지 알 수 있다. 하나님이 주신 사명에 반응하는 그의 모습을 통해 모세 안에 들어 있는 다섯 가지 독에 대해 분석해보자.

| 모세의 독 1 | 내가 무엇이라고?

Who am I, that I should go?(출애굽기 3:11)

| 모세의 독 2 | 나를 보낸 자가 누구라고 말해야 할지도 모릅니다.

What shall I tell them about God?(출애굽기 3:13)

| 모세의 독 3 | 사람들은 절대 나를 따르지 않을 겁니다.

They will not believe me or hear me.(출애굽기 4:1)

| 모세의 독 4 | 게다가 나는 어눌하기 짝이 없어요.

I am slow of speech and tongue.(출애굽기 4:10)

| 모세의 독 5 | 아무튼 저는 아니에요. 다른 사람을 보내세요.
Not me. Send someone else.(출애굽기 4:13)

모세의 다섯 가지 독

이 다섯 가지를 무조건 모세의 변명이라고 말한다면 성경을 매우 단편적으로 보는 것이다. 말은 그 사람의 마음을 표현하며 마음은 그 사람의 인격이므로 그의 전 인생을 생각하며 모세의 답변을 이해할 수 있어야 한다.

모세는 왕자의 신분으로 40년, 양치기의 신분으로 40년을 보냈는데 이 80년 인생은 어떠했을까? 그의 삶을 머릿속에 그려보며 그의 말 속에 숨어 있는 '모세의 마음에 쌓여진 독'을 들여다볼 필요가 있다. 여기서 '독'이란 영·육을 모두 포함하여 사람의 건강, 성장, 인격 그리고 능력에까지 영향을 끼치는 부정적 요소라고 할 수 있다. 어떤 사람은 이것을 내적 상처라고도 말하겠지만 나는 상처라는 말보다 '독'이라는 표현을 선호한다.

이제 모세와 하나님의 대화 속으로 들어가 모세가 가지고 있던 독들을 하나하나 찾아보자. 첫 번째 답변에는 이러한 의미가 내포되어 있다.

"내 꼬락서니를 내가 잘 압니다. 나는 자격도 없고 능력도 없어요."

즉, 모세의 자존감은 낮아질 대로 낮아져 있었던 것이다. 왕자라는 높은 지위에 있던 모세는 하루아침에 도망자의 신분이 되었고, 애굽에서 나와 미디안 땅에서도 오갈 데 없는 노숙자와 다름없었다. 그러던 어느 날, '십보라'라는 처녀를 비롯한 자매들을 동네 불량아로부터 구하게 된다. 그리고 이 사건으로 인해 십보라와 결혼하여 미디안 민족의 제사장, 이드로(또 다른 이름으로는 르우엘)의 사위가 된다. 왕자에서 노숙자로, 노숙자에서 서민으로, 장인 덕에 그나마 신분이 소폭 상승했으나 찬란했던 과거만 회상하며 뚜렷한 비전 없이 살아간다고 가정해보자. 상대적으로 느껴지는 자신의 존재감이 얼마나 처량해 보일까? 두 번째 답변에 숨어 있는 모세의 독을 찾아보자.

"그래, 내가 간다고 칩시다. 사람들이 날 보낸 자의 이름이 무엇이냐고 물을 텐데, 난 당신에 대해 아는 바도 별로 없어요. 솔직히 당신은 나와 함께한다고 말하지만 그래서 어쩌라고요?"

하나님에 대한 신뢰 부족이 모세가 가지고 있었던 두 번째 독이다. 모세는 하나님에 대해 자세히 알지 못했고, 하나님을 신뢰하고 싶은 마음도 없었다. 모세는 이방 민족인 미디안 족속 제사장의 사위였다. 즉, 장인이 우상 숭배하는 모습을 늘 가까이에서 보며 그에게 빌붙어 살던 사람이었던 것이다. 따라서 모세가 아무런 영향을 받지 않았다고 말하는 자체가 어불성설이다.

미디안 민족은 바알이라는 우상 신을 숭배했다. 당시 가나안 민족에게도 바알을 비롯하여 아세라, 아스다롯 등등의 우상들을 호칭하는 이름이 있었다. 모세가 젊은 시절을 보냈던 애굽은 또 어떠한가. 우리가 익히 알고 있는 강함과 풍요를 상징하는 금송아지 아피스를 비롯하여 무수히 많은 우상의 문화 속에서 살아본 이력이 있기에, 모세는 이러한 문화적 배경을 가지고 하나님께 이름에 대한 질문을 했으리라. 그때 하나님은 이렇게 말씀하신다.

"나는 스스로 있는 자니라 I am who I am."

우리가 구약에서 '여호와' 혹은 '야훼'라고 부르는 배경이 바로 여기에 있다. 즉, '여호와'란 불변하심과 영원하심의 의미를 갖는 '스스로 있는 자'란 뜻이다. 하나님께서는 출애굽기 3장 14절부터 22절까지 긴 답변을 통해 모세가 자신을 신뢰할 수 있도록 스스로를 설명하시고 설득하시며 예언하셨다. 세 번째 답변을 따져보자.

"하나님이 너에게 나타나셨다고? 우하하하! 지나가는 개도 웃겠다. 넌 도망친 자가 아니냐? 그런데 네 말을 우리가 들어야 된다고? 깝죽대지 마라."

사람들이 이렇게 이야기할 게 뻔하지 않을까, 그는 두려웠다. 모세는 과거의 왕따 경험에서 온 피해의식에 사로잡혀 자신이 리더십을 발휘할 수 있을 것이라고는 꿈에도 생각하지 못했다. 애굽 왕실에서뿐만 아니라 자기 민족에게까지 배척을 당했으니 말이다. 이처럼 과거에 대한 아픈 기억이 그를 지배하고 있었다. 그러나 모세의 이러한 멘탈을 너무나 잘 알고 계셨던 하나님은 출애굽기 4장 2절에서부터 9절까지 두 번의 부인할 수 없는 이적을 행하시며 하나님의 하나님 되심을 보여주셨다.

"지팡이도 내가 쓰는데, 하물며 내가 너를 쓰지 않겠니?"

이러한 의미를 모세에게 전달하기 위해 하나님은 지팡이를 통해 이적을 보이셨고, 모세의 손에 나병이 생기게 하셨다가 고쳐주시는 놀라운 경험도 하게 하셨다. 이처럼 하나님은 모세에게 확신을 심어주시며 그를 격려하셨다. 용기와 사명감을 불어넣기 위해 포기하지 않으시는 하나님을 발견할 수 있지 않은가. 이쯤 되면 모세의 입에서 적어도 이런 말이 나와야 하지 않을까? "이제야 깨달았습니다. 제가 하는 일이 아니라 하나님이 함께하시고 하나님이 직접 행하시니, 저를 주님의 도구로 사용해주세요."라고 말이다. 그런데 모세는 여전히 정말 짜증나도록 답답한 말을 내뱉는다. 그것이 바로 네 번째 변명이다.

"전 입이 뻣뻣하고 혀가 둔해서 말을 잘 못해요. 지도자가 되려면 여러 분야에서 다재다능한 만능인이 되어야 하는데, 아무래도 난 안 되겠어요."

하나님 입장에서 보면 꿀밤이라도 한 대 때려주고 싶은 순간이었으리라.

학생들을 가르치다 보면 이런 아이들이 태반이다. 자신이 잘하는 것은 생각도 하지 않으면서 친구가 잘하는 부분만 보며 '나는 왜 저런 재능이 없을까' 하고 열등감에 빠지는 아이들, 그들은 생각 자체가 부정적이다. 하나님은 모세의 이 같은 생각을 긍정으로 바꾸기 위해 다시 말씀하시지만 모세는 하나님께 마지막으로 한마디 더 쏘아붙인다.

"에이, 모르겠어요. 아무튼 난 아니니까 다른 사람을 보내시란 말이에요."

실로 복장이 터지지 않을 수 없다. 꾹 참고 인내하시던 하나님은 결국 화를 내셨는데, 영어 성경에서는 'The anger of the Lord was burned against Moses.'라고 표현한다. 얼마나 화가 나셨으면 화가 불이 될 정도가 되었을까. 내가 하나님이었다면 아마 이렇게 말하지 않았을까. "에잇, 값어치 없는 놈 같으니. 그렇게 얘기했는데도 못 알아들어? 관둬라, 관둬. 너 없으면 어디 사람이 없는 줄 아냐? 못난 놈 같으니!"

그러나 하나님은 한발 양보하신다. "알았다, 이 녀석아. 네 형 아론이 말을 잘하는 거 알지? 내가 네 입은 물론이고 아론의 입과도 함께하마."

모세에게 쌓여 있던 마지막 독은 '혼자 하는 것에 대한 두려움'이 아니었을까. 하나님은 여러 열등감에 쌓여 있었던 모세에게 동역자 아론을 붙여주시면서 용기를 불어넣으셨다.

모세에게는 80년을 살아오면서 쌓인 독이 있었다. 하나님은 먼저 그의 영적인 독과 마음의 독을 디톡스하기 시작하셨다. 자존감을 회복시키고, 하나님에 대한 신뢰를 갖게 하시며, 사명감을 심어주셨을 뿐만 아니라 열등감과 두려움에서 오는 책임회피 등을 용기로 바꾸신 것이다.

1. 낮은 자존감
2. 하나님에 대한 신뢰 부족
3. 피해의식
4. 열등감
5. 책임회피

모세의 다섯 가지 독

우리 아이들도 모세와 다를 바가 없다. 자녀들이 좀 더 자신 있게, 좀 더 행복하게, 좀 더 멋있게, 좀 더 가치 있게 살기를 원하는가? 해답은 간단하다. 마음의 독을 디톡스하라. 모세를 디톡스하셨던 하나님과 같이 자녀들을 향해 인내심을 갖고 해독 과정을 밟아나가야 한다. 그래야만 하나님께 쓰임 받도록 준비될 수 있다.

한국인에게 주를 이루는 멘탈의 독

최근 한국보건사회연구원에서 12세 이상의 일반 국민 1만 명을 대상으로 한국인에게 어떤 멘탈의 독이 주를 이루는지 조사했다. 그 결과는 다음 표와 같다.

유형	비율(%)
인지적 오류	90.0
반추(과거 잘못, 실수를 되새기는 것)	82.4
걱정(일을 시작하기도 전에 걱정하는 것)	70.8
자신의 가치에 대한 부정적 사고	60.1
자기도피(난관을 회피하는 것)	48.2
무망(미래에 대한 희망이 없다고 여기는 것)	47.6

　　인지적 오류의 사례를 들자면, 어떤 일을 결정할 때 사람들이 내 의견을 묻지 않았다고 해서 나를 무시하는 거라고 간주하는 것, 하나를 보면 열을 안다고 생각하는 것 등이 있다. 또 내가 다가갔을 때 사람들이 하고 있던 이야기를 멈추면 틀림없이 나에 대한 안 좋은 이야기를 하고 있었다고 생각하는 것, 최악의 상황을 먼저 생각하는 것 등이 인지적 오류의 사례다.

　　다른 유형의 부정적인 정신적 습관으로는 과거의 잘못과 실수, 실패를 지나치게 되새기는 '반추'가 있다. 또한 어떤 일을 시작하기도 전부터 시간이 부족하거나 잘못되지는 않을까 생각하는 '걱정'하는 습관, 자신을 가치 없는 인간으로 여기는 '자신에 대한 부정적 사고' 습관, 미래에 대한 희망이 없다고 여기는 '무망' 습관, 어려운 일에 직면하면 회피하는 '자기도피' 습관 등이 우리 한국인의 마음에 독으로 자리잡고 있음을 알 수 있다. 즉, 완벽주의 성향과 선입관이 마음을 지배하며 걱정 많고 자존감이 낮은 멘탈의 독이 주를 이루고 있는 것이다.

내가 가진 독(tox), 퇴치해야 할 독(tox)

구약시대의 모세나 오늘날의 우리나 별다를 바 없이 우리 내면에 쌓인 독으로 인해 성장하고 능력을 발휘하는 데 지장을 받고 있다. 아래 나열된 단어들은 우리 안에 쌓일 수 있는 독이다. 나이를 불문하고 모든 사람의 내면에는 독이 있다. 당신의 자녀가 가지고 있는 독은 무엇인지 체크해보자.

☐ 비교의식	☐ 뇌영양 부족	☐ 비속어
☐ 충동적	☐ 부정적	☐ 폭력
☐ 시기 질투	☐ 염려	☐ 교만
☐ 운동 부족	☐ 나쁜 자세	☐ 독선
☐ 불신	☐ 두려움	☐ 우월감
☐ 낮은 자존감	☐ 강박관념	☐ 태만
☐ 짜증	☐ 편가르기	☐ 개인주의
☐ 외모지상주의	☐ 불평	☐ 방관적
☐ 열등감	☐ 트랜스 지방	☐ 수면부족
☐ 게으름	☐ 책임 회피	☐ 출세지상주의
☐ 완벽주의	☐ 스트레스 호르몬	☐ 권력지상주의
☐ 불안	☐ 부정행위	☐ 삶의 남용
☐ 질투	☐ 거짓말	☐ 중독
☐ 물질지상주의	☐ 욕설	
☐ 초조	☐ 이기주의	

자녀를 빛나게 하는 디톡스교육

독은 크게 두 가지 종류로 나눌 수 있는데, 공격적인 독(aggressive tox)과 방어적인 독(defensive tox)이다. 고(故)옥한흠 목사는 목회자들을 대상으로 했던 한 강연에서 이렇게 말한 적이 있다.

"목사들 속에 들어 있는 야망, 큰 교회에의 꿈, 경쟁심, 사람 의식하기, 칭찬받고자 하는 마음… 이와 같은 '독毒'이 빠져야 한국교회가 변화됩니다." (별세목회연구원주최 22회 전국목회자 세미나 中)

이러한 독은 모두 공격적인 독이라고 할 수 있다. 이와 달리 자기 안에 갇혀서 그 어떤 시도도 하지 않는 방어적인 독도 있는데 낮은 자존감과 열등감, 게으름, 책임회피 등이 대표적이다. 모세는 매우 방어적인 독을 가지고 있었음을 알 수 있다. 성경은 자기 안의 안전지대에서 나오려 하지 않는 자에 대해 이렇게 표현하고 있다.

게으른 자는 말하기를 사자가 밖에 있은즉 내가 나가면 거리에서 찢기겠다 하느니라 (잠언 22:13)

두 종류의 독 가운데 한쪽은 너무 드러내서 문제고, 한쪽은 너무 숨어 있어 문제가 된다. 나는 효과적인 디톡스를 위해 이 같은 독을 좀 더 세분화하여 일곱 가지로 분류해보았다.

퇴치해야 할 일곱 가지 독

관계의 독(Network Tox)

편 가르기, 질투, 지나친 경쟁심,

자기중심적, 비교의식, 우월감, 불신, 험담

멘탈의 독(Mental Tox)

낮은 자존감, 열등감, 불안, 초조, 부정적, 염려, 두려움,

강박관념, 불평, 책임회피, 비관적, 분노, 자만심

양심의 독(Moral Tox)

표절 및 커닝 등의 부정직함, 거짓말, 욕설,

비속어, 폭력, 개인주의, 이기심, 탐심

브레인의 독(Brain Tox)

짜증, 스트레스 호르몬, 뇌혈류 부족,

뇌 영양 부족, 게임중독, 우울감, 산만함

리더십의 독(Leadership Tox)

게으름, 태만, 방종, 충동적, 방관적,

교만, 아집과 독선, 인기몰이

자녀를 빛나게 하는 디톡스교육

몸의 독(Body Tox)

트랜스지방, 각종 식품첨가물, 환경호르몬, 장내 유해균,
나쁜 자세, 수면 부족, 운동 부족, 수분 부족

영혼의 독(Spiritual Tox)

물질지상주의, 외모지상주의, 출세지상주의, 권력지상주의,
삶의 남용, 허무주의, 우상숭배, 약육강식의 세계관, 인본주의 세계관

2장
마음을
디톡스하라

우리 몸의 소화기관인 장에는 유익균과 유해균이 공존한다. 백혈구가 체내에 들어온 병균과 싸워 처치해주듯이, 유익균이 알아서 유해균을 공격하여 정복해주면 얼마나 좋을까. 그러면 사람들은 자기가 좋아하는 음식만 먹어도 될 것이다. 하지만 하나님은 우리의 건강을 스스로 지키도록 만드셨다. 유익균과 유해균은 서로 적이 되어 싸우는 것이 아니라, 외부로부터 들어오는 각각 다른 종류의 먹이를 먹고 산다. 예를 들어, 빵과 라면 같은 가공음식이나 포화지방이 많은 고기 위주로만 식사를 한다면 장내 세균은 유해균으로 가득할 것이다. 그러나 채소나 과일, 발효음식 등을 자주 먹는다면 장내 유익균이 많아져 빛나는 피부와 깨끗한 피 그리고 산뜻한 두뇌 등을 얻게 되어 아주 건강한 몸을 유지할 수 있다. 장내에 유익균보다 유해균이 더 많아지면 면역력 저하, 비만 등이 나타나면서 건강을 해치고 두뇌에도 안 좋은 영향을 끼치게 되는데 이때 반드시 필요한 것이 해독, 즉 '디톡스'이다. 디톡스 방법은 간단하다. 바로 유익균이 좋아하는 음식을 먹으면 된다. 채소와 과일이 그 대표적인 예라고 할 수 있다.

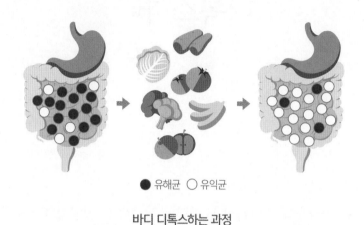

● 유해균 ○ 유익균

바디 디톡스하는 과정

나는 종종 인스턴트식품과 군것질을 좋아하는 학생들에게 우스갯소리로 이렇게 말하곤 한다.

"죽 쒀서 개 주지 마라. 하하."

좀 과하게 들릴 수도 있겠지만 전혀 틀린 말이 아니다. 각종 건강에 좋지 않은 음식을 친절하게 잘근잘근 씹어 유해균들에게 먹잇감으로 주는 것이기 때문이다. 사람이 건강하려면 장내에 유익균이 85%, 유해균이 15%를 유지해야 하는데 유해균이 장내에서 15%를 초과하면 무슨 일이 일어날까? 면역물질의 생성이 둔해져 면역력이 저하되고, 그 결과 각종 질병을 유발하게 된다. 결국 죽 쒀서 개 주는 형국이 되고 마는 것이다.

자녀를 빛나게 하는 디톡스교육

『서재걸의 해독주스』에서 저자는 어떻게 하면 유익균이 좋아하는 음식을 쉽게 먹고 체내 흡수율을 높일 수 있을지 그 방법에 대해 잘 설명하고 있다. 이 책에 의하면 생채소의 체내 흡수율은 5~10%지만 채소를 삶게 되면 흡수율이 60%로 증가하고, 이를 갈아서 주스를 만들었을 때는 90%까지 흡수율이 높아진다고 한다. 채소를 삶거나 주스로 만들면 영양소가 파괴되는 면도 있지만 흡수율 면으로 보면 가장 효과적인 디톡스푸드 섭취 방법이라고 볼 수 있다.

마찬가지로 우리의 마음에도 선함과 악함이 공존하는데, 선을 더욱 풍성하게 하는 방법은 외부에서 좋은 것을 공급받는 것이다. 내가 직접 악과 싸워봤자 '마음은 원이로되 육신이 약하도다'란 고백밖에 나올 것이 없다. 우리가 익히 알고 있는 성경말씀이 있지 않은가.

악에게 지지 말고 선으로 악을 이기라 (로마서 12:21)

우리는 이 말씀을 '악에 대항하여 싸워서 선이 이기게 하라'는 뜻으로 해석하곤 한다. 그러나 진정한 해석은 우리 내면을 선으로 가득 차게 하라는 것이다. 그러면 자연스럽게 악이 차지하는 자리는 좁아지게 되어 결국에는 악을 물리치게 된다. 그렇다면 어떻게 해야 우리 내면이 선으로 채워질 수 있을까? 이 역시 몸의 유익균과 유해균의 원리가 동일하게 적용된다. 즉, 몸 건강에 좋은 음식을 먹어야 유익균이 많아지듯 영혼과 마음의 건강에 좋은 음식을 먹어야 내면에 선이 많아지는 것이다. 예수님은 우리를 위해 스스로 생명의 떡이 되셨다. 그러므로 예수님을 먹어야 우리 내면을 선으로 가득 채울 수 있게 된다. 또한 예수님은 우리에게 성령을 보내주셔서 우리로 하여금 성령 충만하도록 하셨다.

… 오직 성령으로 충만함을 받으라(Be filled with the Holy Spirit)

(에베소서 5:18)

요즘의 십 대들을 살펴보면, 그들은 겉모습을 과도하게 치장하곤 한다. 입는 옷들은 각종 명품 브랜드가 주를 이루고, 여학생들은 초등학생 때부터 화장을 할 정도이다. 그러나 그들의 내면을 자세히 들여다보면 욕설, 비교의식, 열등감, 짜증과 분노 등 수많은 독으로 가득 차 있다. 먹는 음식은 또 어떤가. 유해균이 좋아하는 인스턴트, 튀긴 음식 등을 입에 달고 산다. 몸에도, 마음에도, 머리에도 독이 가득 차는 것이다. 이를 질풍노도의 사춘기를 지나며 겪어야 할 진통으로만 치부한다면 매우 잘못된 생각이다. 그들은 세상으로부터 각종 나쁜 영향들을 무분별하게 받아들여 어느새 독을 많이 품게 되었고, 이제는 그들 안에 쌓인 독을 디톡스해야만 한다. 그렇다면 어떻게 해야 할까? 그 방법은 바로 성경말씀 속에 있다.

모든 성경은 하나님의 감동으로 된 것으로 교훈(teaching)과 책망(rebuking)과 바르게 함(correcting)과 의로 교육하기(training)에 유익하니 이는 하나님의 사람으로 온전하게 하며 모든 선한 일을 행할 능력을 갖추게 하려 함이라 (디모데후서 3:16-17)

여기서 네 가지 단어의 뜻을 좀 더 명확하게 이해할 필요가 있어 신약이 쓰인 그리스어로 단어 풀이를 정리해보았다.

네 가지 단어의 원어 풀이

교훈 정보의 기능으로서의 가르침, 지도, 교리나 강령, διδασκαλία(디다스칼리아)

책망 질책, 꾸지람, ἔλεγχος (엘렌코스)

바르게 함 다시 강하게 함, 교정, 정정, ἐπανόρθωσις (에파노르소시스)

교육 개인지도, 훈련과 교정을 통한 교육, 훈련, 징벌, 양육, παιδεια(파이데이아)

몸을 위한 디톡스푸드가 발효음식이나 채소와 과일이라면, 마음을 위한 디톡스푸드는 성경이 아니겠는가. 문제는 섭취율을 어떻게 높이느냐, 이것이 관건이다. 즉, 스스로 성경을 읽든지, 설교를 통해 듣든

지, 성경공부 세미나 등에 참석하든지 등등의 노력들이 결국 섭취율과 관계가 있는 것이다.

『서재걸의 해독주스』를 보면 해독주스의 레시피가 나와 있다. 당근, 양배추, 토마토, 브로콜리 이 네 가지 채소를 삶아 사과와 바나나와 함께 믹서에 갈면 해독주스가 된다.

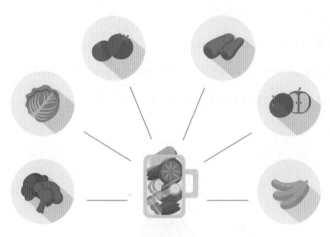

서재걸의 해독주스 레시피

마찬가지로 우리의 내면도 이 같은 원리가 적용된다. 예수께서 베드로에게 '내 양을 먹이라'라고 말씀하셨듯이, 우리도 목자로서 영혼의 양식을 가지고 양인 자녀나 학생을 먹이되 흡수율이 높도록 먹여야 한다. 예를 들어, 자녀가 부모의 가르침을 잔소리로 여긴다면 흡수율이 거의 제로에 가깝다고 말할 수 있다. 그래서 가르침만으로는 부족하다. 또한 가르침을 받고 깨달은 것 같긴 한데 삶이 변하지 않는 경험을 하기도

한다. 왜 그럴까? 결국 흡수율과 관계가 있다. 그렇다면 어떻게 흡수율을 높일 수 있을까? 해답은 위에서 기록한 디모데후서 3장 16-17절에서 찾을 수 있다.

우리 내면을 디톡스하기 위해서는 '교훈'과 '책망'과 '바르게 함'과 '의로 교육함' 이 네 가지를 적절히 융합해야 한다. 성경적 진리를 토대로 무엇이 문제인지 분명하게 가르쳐서(teaching) 자기 인지를 할 수 있도록 도와주고, 필요하면 책망함으로써(rebuking) 깨닫고 결단하게 하며, 삐뚤어진 몸과 마음을 교정하여(correcting) 바르게 하고, 선한 것으로 가득 차도록 계속 훈련해서(training) 인격을 갖추도록 해야 하는 것이다. 한글 성경에는 '교육'이라고 번역되어 있지만 NIV성경에서는 '훈련'으로 번역되어 있고, 헬라어 원문으로는 '파이데이아', 즉 훈련을 통한 교육이라고 해석할 수 있다. 곁가지만 고쳐주는 것이 아니라 뿌리까지 변화되어 새 사람이 되게 하는 것이다.

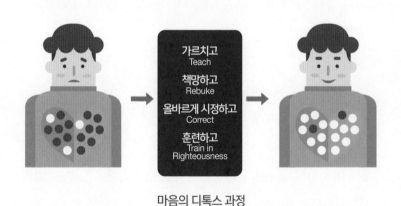

마음의 디톡스 과정

'부정적'이라는 마음의 유해균

경석이가 만방학교에 입학했다. 그가 입학하기 전 읽었던 필독서 감상문을 보고 아연실색하지 않을 수 없었다. 그의 감상문과 부모에게 매주 쓰는 '위클리 라이프'라는 손 편지 형식의 글들 가운데 몇 가지만 소개하고자 한다.

"나는 이 책들을 읽고 독후감을 써오라고 했을 때 불만이 조금 있었다. 학생들을 이용해서 책을 베스트셀러로 만들려 한다고 생각했기 때문이다."

"음식은 점점 쓰레기가 되어가지만 의학은 발전한다."

"인도의 천민들에 관한 다큐는 결국 작가들의 멋진 어휘로 시청률을 올리려는 의도이다."

"Q : 이번 주 얼마만큼의 천국을 누리셨나요?
A : 조금도 누리지 못했어요."

"Q : 너희 말이 내 귀에 들리면 들린 대로 내가 너희에게 행하리니…
A : 집 주세요. 돈 주세요. 차 주세요."

"저에게 피아노를 가르쳐주시던 선생님이 한국으로 가셨다는 말을 들었어요. 아마 아기를 낳기 위해서 가신 것 같아요. 저번 학기에도 레슨해주시다가 갑자기 떠나셨는데 이번에도 이렇게 가시니 배신감이 드는 것은 어쩔 수가 없네요."

경석이는 '부정적 태도'라는 유해균이 마음에 가득 찼던 아이였다. 사람들은 자기를 위해 존재해야 했고, 세상을 보는 눈은 매우 비뚤어져 있었다. 공부만 잘하면 뭐하나, 그 마음속이 교만과 우월감으로 가득 차 있다면 그 인생은 아무런 의미가 없다. 예수님도 잘난 척하던 바리새인들에게 이렇게 말씀하셨다.

너희 바리새인은 지금 잔과 대접의 겉은 깨끗이 하나 너희 속에는
탐욕과 악독이 가득하도다 (누가복음 11:39)

'감사'라는 슈퍼 유산균을 먹여라

감사는 마치 유산균과도 같다. 유산균이 풍부한 장을 갖게 되면 변비가 사라지고 얼굴의 찡그림도 사라지게 된다. 또한 각종 질병에 대한 면역력이 증가하여 체력이 놀랍도록 좋아진다. 마찬가지로 불평, 불만, 욕설이 많은 아이들의 얼굴을 보면 늘 화난 표정이다. 이런 아이들에게는 마음에 슈퍼 유산균을 넣어주어야 하는데, 그 유산균이 바로 '감사'이다. 몸 건강의 기초가 장내 유산균이라면, 마음 건강의 기초는 바로

감사인 것이다. 감사의 강력한 효과에 대해서는 『세븐파워교육』에서 자세히 기록하고 있다.

감정	– 더 편안해진다 – 회복력이 상승한다 – 질투하는 마음이 감소한다 – 행복한 기억이 증가한다 – 기분이 좋아진다
학업	– 자기관리 능력이 올라간다 – 목표달성 능력이 올라간다 – 의사결정 능력이 좋아진다 – 성적이 올라간다
인격	– 긍정성이 증가한다 – 물질주의 가치관이 낮아진다 – 자기중심적 사고에서 벗어난다 – 자존감이 높아진다
사회성	– 친절해진다 – 포용력이 커진다 – 친구관계가 더욱 좋아진다 – 부모, 교사와의 관계가 좋아진다
건강	– 짜증을 내는 빈도가 줄어든다 – 덜 아프다 – 활력이 증가한다 – 숙면을 취한다

위의 표에서 보는 것처럼 감사는 '내면의 만병통치약'이라고 불려도 무방할 정도이다. 만방학교 학생들은 누구나 '감사일기'를 쓰고 있다. 우리는 학생들에게 항상 감사하라고 가르치며 그것을 습관화하고 내면

자녀를 빛나게 하는 디톡스교육

화하는 도구로 감사일기를 활용한다. 학생들의 감사일기에는 일주일 동안의 생활이 고스란히 묻어 있어 그들의 생활을 들여다볼 수 있는 좋은 통로가 되고 있다. 어린 학생들이 만방학교에 와서 갖는 소소한 '감사거리'는 읽는 사람의 미소를 자아내곤 한다.

만방에서 제일 어린 학생들의 셀그룹 모임인 '쿤밍 목장'의 목자로 학생들을 먹이고 돌본 선생님은 감사하는 방법에 대해 이렇게 설명했다.

[만방 선생님 Advice, '세 가지 감사'에 대하여]

얘들아, 감사에는 세 가지 종류가 있어.

첫 번째 감사는 If, '만약에 감사'야.
이것은 나의 유익을 위한 이기적이고 조건적인 감사이기 쉬워.
예를 들어 이런 거야.
'만약 내가 이번 주말 시험을 잘 보게 된다면 감사합니다.'

두 번째 감사는 Because, '때문에 감사'야.
이것은 내가 받은 이익에 대한 제한적인 감사란다.
'이번 주말 시험에 높은 점수를 받았기 때문에 감사합니다.'

세 번째 감사는 In spite of, '그럼에도 불구하고의 감사'야.
나에게 이익이 없는 상황에서도 감사하겠다는 마음을 표현하는 것 같지 않니? 예를 들면 이런 거지.

'비록 시험 점수가 높지 않지만 감사합니다. 이번 기회를 통해 공부를 좀 더 열심히 하겠다는 다짐을 하게 되었습니다.'

세 가지 감사를 통해 자신의 감사일기를 점검해보면 좋겠어. 어떤 감사를 주로 적고 있는지 말이야. 그중에서 '그럼에도 불구하고의 감사'를 발견해보도록 하자. 알았지?

감사 훈련은 고정된 생각의 틀을 깨고 사물을 다른 관점에서 볼 수 있도록 연습하는 '생각의 훈련'이면서 부정적 관점을 긍정적으로 바라볼 수 있는 '관점 바꾸기 훈련'이기도 하다. 즉, 고정된 틀을 깨고 그것을 180도로 회전시켜 다른 각도에서 감사거리를 찾을 때 일어날 수 있는 생각의 변화가 감사일기의 강력한 효과라고 할 수 있다.

감사를 계속 습관화하다 보면 어느새 변화된 자신을 발견한다. 사람이 바뀌어 있는 것이다. 왜 그럴까? 그의 마음이 '리셋'되었기 때문이다. 이것이 바로 감사의 '리셋 효능'이다. 감사 훈련으로 마음의 부정적 회로를 긍정적 회로로 바꿀 수 있다. 만방학교의 많은 학생들이 감사훈련으로 변화를 경험했고, 자신은 물론 다른 학생들에게도 선한 영향력을 주고 있다. 이와 같이 감사 훈련은 아이들을 위한 디톡스 과정의 가장 강력한 방법이다.

입만 열면 부정적인 말이 튀어나왔던 경석이에게 필요한 것은 무엇보다도 감사 훈련이었다. 그리고 1년 넘게 디톡스를 위한 노력을 기울

이던 어느 날, 경석이의 이런 고백을 듣게 되었다.

"피아노를 칠 수 있다는 것이, 어려운 곡이든 쉬운 곡이든 누군가를 위해 내 재능이 쓰일 수 있다는 것이 감사합니다. 나 혼자 뛰어나게 연주해서 다른 사람들에게 감동을 줄 수도 있겠지만 딱히 드러나지 않아도, 사람들에게 아무런 감동을 주지 못하더라도 내가 노래의 한 부분이 됨으로써 다른 사람들이 나를 통해 음을 잡고 아름다운 하모니를 이룰 수 있어 감사합니다."

경석이는 자신을 알게 되었고, 공동체가 무엇인지 깨닫게 되었다. 그리고 부정적인 삶의 자세가 교정되어 모든 일에 긍정적이고 감사하는 학생으로 바뀌었다. 이처럼 우리 몸과 마음의 독이 디톡스되면 그것으로 끝나는 것이 아니라 선한 능력이 생긴다. 긍정의 능력, 배려의 능력, 겸손의 능력, 섬김의 능력 등 인생에 긍정적인 영향을 미치는 그런 능력들 말이다.

헤아려 좋은 것을 취하라

선혁이라는 아이가 입학했을 때 그는 편가르기, 인정받으려는 강한 욕구, 친구들 선동하기, 공부를 잘한다는 우월감, 선생님들 앞에서 쿨한 척하기 등의 나쁜 습관을 가지고 있었다. 그의 내면의 독을 디톡스해줘야 할 필요를 느꼈다. 선혁이의 목장 선생님이 쓴 상담일지를 보자.

"생각도 많고 복잡한 선혁이에게 말해줬습니다. '한국에서는 가면을 쓴 네 모습이 멋있어 보이고 다른 사람을 속일 수 있었을지 몰라도 만방학교 선생님들에게는 가면을 쓴 선혁이의 모습이 일그러지고, 못생기고, 초라해 보인다'라고 말이에요. 이제 그만 그 가면을 벗으라는 말에 선혁이는 어떻게 해야 할지 모르겠다며 괴로워하더군요. 그래서 오후에 있을 목장 모임에서 이전의 네 모습을 솔직하게 보여주고 도움을 구해보라고 귀띔했지요. 처음에는 친구들이 자신을 어떻게 생각할까 두려워하더니 이내 용기를 내어 속마음을 보여주고 도움을 구하겠다고 결심했습니다."

하나님이 모세와 끊임없이 상담하셔서 내면을 디톡스하셨듯이, 우리는 아이가 고쳐질 때까지 매주 상담하며 변화를 점검해나간다. 이것을 우리는 목적 지향적인 '프로세스 상담'이라고 말한다. 대부분의 상담이 '문제 상담'에 그치는데, 이것은 일회성 훈계 조치에 불과하기 때문에 아이의 나쁜 습관과 그런 행동이 나오는 원인인 내면에 쌓인 독을 디톡스하기에는 부족하다.

문제상담과 프로세스 상담

또한 교실 수업만으로는 학생들을 변화시켜 하나님의 온전한 사람으로서 선한 능력의 소유자로 만든다는 것은 불가능하다. 학업 상담뿐만 아니라 생활 상담, 각종 훈련관련 상담, 학부모 상담, 신앙 상담 등 학생의 머리끝부터 발끝까지 관심을 가지고 상담에 임해야 한다.

상담에 임하는 자세도 매우 중요하다. 때로는 정확히 진찰하는 의사같이, 때로는 자애로운 부모같이, 때로는 엄격한 트레이너같이, 때로는 서당훈장 선생님같이 상담해야 한다. 만방학교의 상담 원칙을 다음과 같이 정리해볼 수 있다.

- 주기적이고 다각도로 대화한다.
- 성장하는 데 방해가 되는 요소들을 스스로 인지하게 한다.
- 선생님은 시스템을 통하여 상담 내용을 바로 기록 및 공유하고, 학생은 매번 상담 감상문을 쓴다.
- 도움이 되는 책을 함께 읽고, 선생님과 학생이 함께 대화하는 시간을 갖는다.
- 학생에게 알맞은 미션을 주어 수행하게 한다.
- 부모와 함께 협력한다.

선혁이의 경우 잠언을 외우고 감상문 쓰기, 책 읽기, 요한복음 묵상하기, 관계 훈련, 공동체 훈련, 봉사활동 등 다양한 교정과 훈련을 하며 주기적으로 상담해나갔다. 그야말로 아래의 성경말씀과 같이 그의 변화를 위해 모든 노력을 다 동원했다.

범사에 헤아려 좋은 것을 취하고 악은 어떤 모양이라도 버리라

Test everything. Hold on to the good. Avoid every kind of evil.

(데살로니가전서 5:21-22)

1년 뒤 선혁이가 쓴 감상문을 읽어보자.

"만방학교에 오고 싶다고 난리치던 그날이 아직도 생생한데 벌써 1년이 지났다. 그동안 참 많이 깨지고, 꽁꽁 숨겨 놓은 것들도 우수수 드러났다. 꾹꾹 밀어 넣고 숨겨 놓았던 겉모습의 가면이 깨지면서 그 안의 연약한 모습들과 진짜 내 모습들이 드러났고, 반성하며 고치는 시간을 보냈다. 첫 번째 학기는 바로 가면 안의 내 모습을 드러내는 시간이었는데, 드러남의 고통이 정말 힘들었다. 두 번째 학기에 가장 고민하고 성장하려 노력한 부분은 '섬김'과 '사랑'이었다. 책임감과 섬기는 마음은 공동체의 한 사람 한 사람을 사랑하는 마음에서 나온다는 것을 알게 된 후, 먼저 사랑으로 다가가려고 노력했다.

1년의 기간을 하나하나 쪼개어볼 때 당시에는 고난이었지만, 좀 더 멀리 서서 큰 흐름을 보니 정말 즐겁고 행복한 시간이었다. 다음 학기에는 또 다른 교정과 훈련이 기다리고 있겠지만 내 안에 숨겨진 잠재력들을 찾아 나서며 매 순간을 즐기고 싶다. 만방학교에 오게 된 것은 내 인생에 있어서 가장 큰 축복이다. 훈련과 행복을 동시에 느낄 수 있는 이곳에서 적극적으로 살아갈 것이다."

선혁이 엄마는 디톡스된 아들의 모습을 보며 감사의 편지를 보내오기도 하였다.

"선혁이가 만방에서 생활하면서 많은 변화들이 있었지만 무엇보다도 순수하고 밝았던 모습을 되찾았다는 것이 제일 감사한 일입니다. 한국에서는 그냥 열심히 해야 한다는 일념으로 스트레스가 많았는데, 만방에 가서는 꿈이나 학업, 다른 여러 가지에 대해서 좀 더 깊이 생각하며 올바른 가치관을 정립해가는 것 같아 보기 좋습니다.

선혁이는 늘 기도하고 바랐던 대로 정말 좋은 사춘기를 제대로 보내고 있는 것 같습니다. 그것을 바라보는 가족들도 정말 행복하고 평안한 마음으로 응원하고 있습니다."

선혁이는 합창단원으로도 활동했는데, 만방합창단은 전중국에서 매우 유명하다. 3년에 한 번씩 거행되는 전중국합창대회에서 두 번이나 1등을 하기도 했다. 이때 부른 노래 가운데 하나가 다름 아닌 '모세 이야기'이다. 영화 〈이집트 왕자〉 주제가인 'When you believe'라는 노래로, 여기서 선혁이가 모세 역할을 했다. 주어진 역할에 충실하기 위해 출애굽기를 여러 번 반복해서 읽고 묵상하면서 그의 신앙은 일취월장해나갔다. 지팡이를 들고 있는 '리틀 모세' 선혁이의 모습은 유튜브를 통해서도 확인할 수 있다(검색어: 전국합창경연대회 만방학교).

합창대회에 함께한 한 학생이 당시를 회상한 감상문을 읽어보니 모세 역할을 맡은 선혁이의 모습이 생생하게 그려진다. 어느새 친구들 사이에서 선혁이의 별명은 '리틀 모세'가 되어 있었다.

"마침내 실전이 다가왔다. 나는 '내 모든 것을 드린다'와 '합창하다 죽는다'라는 마음가짐으로 노래를 불렀다. 'When you believe'가 막 시작되고 전주 부근에 모세(선혁이)가 내 쪽으로 다가올 때, 나는 그의 표정을 보고 깊은 감명을 받았다. 노래를 하는데 온몸에 전율이 느껴졌다. 내가 노래 안으로 빨려 들어간 것만 같았다. 그날은 정말 신기했다. 가식적인 기쁨과 에너지와 웃음은 단 1%도 없었다. 정말 기쁘게 춤추고 노래를 불렀다. 합창이 다 끝나고 벅찬 마음으로 당당히 퇴장할 수 있었다. 긴장이 풀린 채 화장실에 들어갔는데 모세가 기쁨의 눈물을 흘리는 것을 보았다.

그 순간 합창을 시작할 때 모세의 모습이 겹쳐지면서 나도 울기 시작했다. 원래 감동적인 영화를 봐도 잘 울지 않는데 합창이 내 마음을 녹인 것이다. 감동이 너무 커서 눈물이 쉽사리 그치지 않았다. 울고 있지만 정말 웃고 싶었던 순간이었다. 합창이 나에게 새롭게 다가오는 것을

자녀를 빛나게 하는 디톡스교육

느낀 경험이었다. 내 인생에서 그렇게 모든 에너지를 쏟아낸 적은 없는 것 같다."

'24시간' 하라

우리 아이들을 어떻게 길러야 하는가? 어른이자 학부모, 교육자로서 우리는 끊임없이 고민하고 있다. 이 고민의 산물 중 하나가 바로 '24/360'이다.

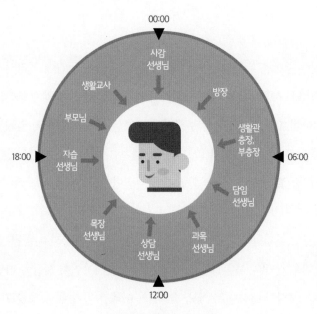

24/360 케어링 시스템

24/360이란 '24시간 360도'라는 의미이다. 한 아이를 살피는 일은

깨어 있는 단 몇 시간만으로는 부족하다. 그들이 잠자는 시간에도 그들을 지켜봐야 하기 때문에 아이들이 생활관에서 잠을 잘 때도 교사들은 목자가 되어 돌아가며 하루씩 사감 역할을 한다. 사실 만방학교에서는 사감이라는 말보다는 '돔 페어런트(dorm parent)'라는 말이 더 맞는 말이다. 아이들을 관찰하고 방별로 상담한 내용은 시스템에 올려 모든 교사들과 그 내용을 공유한다. 물론 선생님들이 좀 더 편하려면 단순히 출입을 통제하는 경비 직원을 두면 된다. 그러나 우리는 쉬운 길보다 어렵고 힘든 길을 택했다. 어떤 학생은 수고하고 애쓰시는 사감 선생님을 보며 이런 소감을 남기기도 했다.

"이번 주에는 독감이 돌았는데요. 제 방 동생이 독감에 걸려서 힘들어하던 날, 사감 선생님께서 새벽 4시 반부터 저희 옆에 앉아 체온도 재고 이마에 수건도 올려놓아 주시면서 온종일 함께 하셨어요. 옆에서 그 모습을 보면서 정말 우리 학교 선생님들은 대단하다는 생각이 들었어요. 사랑하고 섬기는 선생님의 모습을 본받아야겠다는 생각도 했어요."

졸지도 아니하시고 주무시지도 아니하시는 하나님까지는 될 수 없지만 마치 군대의 불침번과 같이 교사들이 돌아가면서 사감을 하면 아이들을 24시간 보살필 수 있는 셈이다. 이해를 돕기 위해 생활관 사감 일지 일부를 읽어보자.

"새벽 3시 반 경에 조유림 학생이 속이 울렁거린다고 찾아왔습니다.

자녀를 빛나게 하는 디톡스교육

초기 감기 증상이 있어 감기약을 먹이고 몸을 따뜻하게 하여 잠을 잘 수 있게 신경 썼습니다. 아침에 확인해보니 많이 좋아졌다고 하였습니다. 그러나 감기 기운이 계속 있어 따뜻하게 하고 다니도록 당부하였습니다."

사감을 맡게 되면 단잠을 잘 수가 없다. 새벽에 아픈 학생들이 생길 수 있기 때문이다. 사감 선생님은 다음 날 아침 '밥상머리 대화'를 하기 위해 아이들과 아침식사도 같이 해야 한다.

"108호 학생들과 함께 아침식사를 하며 대화를 나누었습니다. 예진이와 규연이는 조용한 편이고 주로 지윤이와 예빈이가 대화를 주도해나갔는데, 예진이와 규연이도 많이 편해진 모습이었습니다. 특히 수요일에 '방끼리의 시간'이 생긴 것을 즐거워하면서 그 시간에 무엇을 할지 이야기를 나누었는데요. 농구나 산책 등을 하며 함께 시간을 보내고 싶다고 하였습니다. 아이들이 얼마나 기대하는지 느껴질 정도였습니다. 방 언니들은 동생들이 많이 웃어주고 힘을 주어 고맙다고 하였고, 동생들은 언니들이 시간이 많이 없는데도 마음을 써주는 것이 느껴져 감사의 마음을 전하고 싶어 했습니다. 만방 생활관에서 언니와 동생이 함께 생활하며 배우게 되는 지혜는 학교에서 배우는 지식 못지않게 중요하고 돈 주고도 살 수 없는 값진 경험들임을 얘기해주면서 서로 의지하며 즐겁게 생활해 가도록 격려하였습니다."

'360도' 하라

건강검진을 받을 때 뇌를 스캔하기 위해 MRI를 찍곤 하는데, 어느 한 단면만 보는 게 아니라 360도 모든 부위를 볼 수 있다. 마찬가지로 한 아이를 돌보는 데에도 '360도'가 필요하다. 한 사람이 아이의 전체를 다 볼 수는 없다. 한 사람의 눈으로는 한계가 있기 때문이다.

만방학교에서는 모든 선생님들이 360도의 역할을 한다. 각자의 시선이 다를 수 있음을 충분히 인지하고 있기에 가능한 일이다. 초원별로 초원지기 선생님과 목장 선생님들이 매주 한 번씩 만나 회의를 진행한다. 아이들 한 명 한 명을 놓고 그 상황을 설명하며 지도 방향을 결정해 나간다. 학급 담임 선생님 혼자서 아이들을 지도할 때는 어느 한 단면만 볼 수 있는 X-ray 사진을 보는 것과 다를 바 없다. 하지만 여러 명의 목장 선생님, 담임 선생님, 학과목 선생님, 사감 선생님, 심지어 교장 선생님과 부모님까지 한 아이를 두루 살피기 때문에 처방과 지도를 제대로 할 수 있게 된다.

매주 목장 선생님은 일주일 동안의 생활을 통해 학생이 발전한 부분이나 개선해야 할 부분 등을 자세하게 정리하여 부모에게 알려준다.

목장과 초원제도

"지윤이와 함께 학습과 과제 완성도, 독서, 시간관리 등 자기관리에 대해 이야기를 나누며 점검해보는 시간을 가졌습니다. 학습 숙제는 열심히 하고 있지만 주말 등 자투리 시간을 계획성 있게 보내지 못하여 월요일에 제출해야 할 숙제나 독후감, 감상문의 제출 시간이 늦어지고 있습니다. 어려서부터 학원에 의존하여 부족한 학업을 해결해온 학생들은 자기주도학습 능력이 부족할 수밖에 없는데, 지윤이도 이 같은 현상이 보여 학습계획서를 작성하도록 지도하였습니다. 언니들의 학습계획서를 예시로 보여주며 자기주도학습 습관을 키우기 위한 동기부여에 힘썼습니다. 또한 지윤이의 글은 책의 내용을 정리하고 분석하는 관점은 매우 좋지만 다소 단편적이거나 형식적입니다. 자신의 생각과 마음을 담는 데에는 좀 더 연습이 필요하여 9월에는 『독서왕』을 추천해주었습니다. 『독서왕』은 만방학교 학생들이 작성한 독후감 중 자신의 생각과 마음이 잘 표현되어 있는 글을 선정하여 묶어 놓은 책입니다. 책을 마음으로 대하고 다양한 관점으로 읽어보며 생각을 더욱 진술하고 풍부하게 표현해볼 것을 권하였습니다.

특히 큐티와 감사일기를 꾸준히 작성하고 있지 않아 큐티와 감사일기 작성도 매일 해야 할 항목에 넣고 점검하면서 영적으로 성장하고 긍정적인 마음가짐을 놓치지 않도록 당부하였습니다.”

360도에는 부모의 협력도 포함되어 있는데, 매주 학부모에게 보내는 주간통신문을 읽고 학교에 답장을 보내오는 일이 그것이다. 편지를 쓰는 일이 처음에는 어려워 보여도 학교에 하고 싶은 말을 정리하면서 우리 아이에 대해 한 번 더 생각하고 부모 스스로를 되돌아보는 값진 시간이 될 수 있다.

“주간통신문을 읽을 때마다 너무도 놀랍고 감사하면서도 도전이 되었습니다. 특히 감상문을 쓰는 데에는 게을렀던 저의 자세가 학교의 교육방침과 얼마나 대조적이었는지 다시금 반성하게 됩니다. 단호하지만 사랑의 정도를 제대로 보여주시는 교장 선생님의 모습에 저 또한 새롭게 다짐하게 되네요. 제 자신도 아이가 만방학교에 처음 입학했을 때의 마음가짐이 약간씩 흐트러지는 것을 방치하며 지냈던 시간들을 이제 멈추려 합니다. 바쁘다는 이유로 우선순위를 놓쳐버린 모습이 아이들에게

자녀를 빛나게 하는 디톡스교육

그대로 전달되었을 것 같은데, 이 또한 반성합니다. 학교에만 너무 의존하면서 함께 발을 맞추기보다는 멀리서 바라만 보려 했던 제 이기적인 마음까지 다 느껴지는 시간이네요."

말로는 아이를 위한다고 하면서 실제로는 부모로서 어떠한 역할을 하고 있는지 되돌아볼 일이다. 부모가 할 수 있는 일은 그리 거창하지 않다. 자녀와 자녀를 돌보는 이들에 대한 작은 관심만으로도 충분히 시작할 수 있다.

디톡스로 임파워링(Empowering)하라

육체의 건강 비결은 무엇인가? 몸에 좋은 음식을 매일 먹는 것이다. 그렇다면 멘탈의 건강 비결은 무엇일까? 역시 정신 건강에 좋은 멘탈 푸드를 매일 먹는 것이다. 그러면 자연스럽게 나쁜 사고와 습관이 빠지고 좋은 생각과 습관으로 채워짐으로써 악에 대한 면역력도 강해질 뿐만 아니라 각종 파워가 향상된다. 이것을 '디톡스 & 임파워링'이라고 부르겠다. 디톡스와 함께 나타나는 현상은 임파워링이다. 즉, 능력이 더욱 커진다는 뜻이다. 나는 이 능력을 일곱 가지의 카테고리로 분류했는데, 이는 탄탄한 실력과 내면의 강한 파워를 지닌 글로벌 인재를 만들기 위한 기본 교육철학으로 자리잡게 되었다.

브레인 디톡스 & 임파워링

브레인의 독
Brain Tox

- 코르티졸 과다
- 세로토닌 부족
- 게임 중독증
- 수면 부족, 피로감
- 강박증
- 쫓기는 마음
- 짜증
- 산만함
- 동기부재

디톡스 프로세스
Detox Process

- 문제제기 상담
- 전자기기 절제
- 손글씨 쓰기
- 유산소 운동
- 명상, 클래식음악 듣기
- 규칙적 생활
- 잠언 외우기
- 학사 상담
- 스터디 플래너 사용하기
- 꿈, 비전 찾기
- 동기부여

브레인 파워
Brain Power

- 학업 동기
- 집중력
- 논리력
- 생각하는 힘
- 창의력
- 문제해결 능력
- 공부력

모럴 디톡스 & 임파워링

모럴의 독
Moral Tox

- 부정행위
- 거짓말
- 욕설
- 폭력
- 이기심
- 개인주의
- 남들에 대한 무관심
- 욕심
- 남의 물건을 탐함

디톡스 프로세스
Detox Process

- 문제제기 상담
- 독서 및 감상문
- 십계명 외우기
- 부모에게 편지쓰기
- 침묵 훈련
- 나눔 훈련
- 섬김 훈련
- 효도 훈련
- 징계
- 학부모교육
- 독립운동가 기념관 견학

모럴 파워
Moral Power

- 정직
- 언어습관
- 효도
- 기부활동
- 자선활동
- 애국심
- 노블리스 오블리제

자녀를 빛나게 하는 디톡스교육

네트워크 디톡스 & 임파워링

관계의 독
Network Tox

- 비교의식
- 우월감
- 질투, 시기
- 편가르기
- 불신
- 자기중심적
- 뒷담화

▶

디톡스 프로세스
Detox Process

- 문제 제기 상담
- 관련 도서 읽기
- 감상문 작성
- 관계 훈련
- 감사 훈련
- 혼자 생각하기
- 공동체 훈련
- 주기적 상담

▶

네트워크 파워
Network Power

- 초점 바꾸기
- 다름을 인정
- 공감 능력
- 배려
- 공동체 정신
- 상호 신뢰감
- 협동, 협력, 동역
- 내 이웃을 내 몸 같이

멘탈 디톡스 & 임파워링

멘탈의 독
Mental Tox

- 낮은 자존감
- 불안, 초조
- 부정적
- 염려, 두려움
- 강박관념
- 불평
- 책임회피
- 비관, 절망
- 자만

▶

디톡스 프로세스
Detox Process

- 문제제기 상담
- 라이프 히스토리 쓰기
- 감사 훈련
- 세계관 정리
- 잠언 외우기
- 독서 및 감상문
- 미션 수행
- 극기 훈련

▶

멘탈 파워
Mental Power

- 건강한 자존감
- 긍정성
- 회복탄력성
- 인내력
- 도전정신
- 돌파력
- 성취감
- 행복감
- 편안함, 여유

리더십 디톡스 & 임파워링

리더십의 독
Leadership Tox

- 게으름
- 태만
- 방종
- 충동적
- 방관적
- 교만
- 아집과 독선
- 인기몰이

디톡스 프로세스
Detox Process

- 문제 제기 상담
- 바인더 사용하기
- 습관교육
- 섬김 훈련
- 스피치 훈련
- 토론 훈련
- 티칭 훈련
- 부목자 훈련
- 층장, 부층장 훈련
- 타문화 존중 훈련

리더십 파워
Leadership Power

- 자기조절 능력
- 솔선수범
- 팔로워십
- 서번트 리더십
- 공동체 리더십
- 글로벌 리더십

바디 디톡스 & 임파워링

바디의 독
Body Tox

- 나쁜 식습관
  (인스턴트, 지방성고기)
- 식사 거르는 습관
- 체내 트렌스지방
  과다
- 각종 식품첨가물,
  환경호르몬
- 수분 부족
- 수면 부족 혹은
  수면 과다
- 운동 부족, 저질 체력
- 나쁜 자세
- 장내 유해균,
  약한 면역력
- 변비

디톡스 프로세스
Detox Process

- 문제 제기 상담
- 음식교육
- 자세교육
- 채소 사랑 훈련
- 견과류 먹기
- 유산균 음식 먹기
- 해독주스 마시기
- 바로 걷기 훈련
- 기초체력 운동
- 유산소 운동
- 근력 운동
- 물 마시기 훈련

바디 파워
Body Power

- 브레인 푸드 식습관
- 음식 조절 능력
- 운동습관
- 건강
- 체력을 뇌력으로
- 바른 자세
- 깨끗한 피부
- 맑은 정신
- 지구력

스피리추얼 디톡스 & 임파워링

영혼의 독 Spiritual Tox	▶	디톡스 프로세스 Detox Process	▶	스피리추얼 파워 Spiritual Power
● 삶의 남용 ● 물질지상주의 ● 외모지상주의 ● 출세지상주의 ● 권력지상주의		● 문제제기 상담 ● 요한복음 읽기 ● 신앙도서 및 감상문 ● 죽음교육 ● 유언장 ● QT / 예배생활 ● 기도회 ● 수련회 ● 성경세미나 ● 창조론 / 진화론 비교교육		● 가치 인생 ● 충실한 삶의 자세 ● 선한 영향력 ● 사명감 ● 헌신

3장
No.1이 아니라
Only 1이 되어라

"중학교에 들어가서도 첫 중간고사에서 1등을 했다. 그러나 성적과 등수에 점점 더 집착하게 되었고, 만족과 감사보다는 오히려 1등을 유지해야 한다는 불안감 때문에 편하지가 않았다."

성수는 교내 여러 대회에서 수상하며 소위 말하는 '스펙'을 쌓으면서 특목고 입시를 준비하고 있었다. 그러나 언제부터인가 자신이 오직 명문고와 명문대만을 바라보며 떨어질까 하는 불안감 속에서 성적에 집착하는 공부 기계가 돼버린 듯한 느낌을 받았다. 곁에서 바라볼 수밖에 없던 성수의 부모님은 너무나 가슴이 아팠다. 그래서 고심 끝에 만방학교를 선택했는데, 성수를 만방학교에 보내기로 한 이유가 일반 부모와는 사뭇 달랐다.

"유명 인사 중에 비리나 거짓 등 부도덕한 행위로 인해 부끄럽게 되고 심지어 감옥에 가는 경우를 어렵지 않게 볼 수 있다. 사회적으로 성공하고 높은 지위에 오른 사람일수록 그 중심이 도덕적으로 바로 서 있지 않으면 작은 유혹에도 쉽게 흔들리기 마련이다. 이는 결과적으로 본인뿐 아니라 기업 혹은 사회 전체에 적잖은 영향을 주게 된다. 공부나 지식, 성공보다 더 중요한 것은 그 사람의 깨끗한 중심이 아닐까. 높이 올라가는 사람일수록 깨끗한 가치관을 갖는 것이 더욱 중요하다고 생각한다. 나는 이런 생각으로 성수를 만방학교에 보내기로 결심했다. 그곳에서 브레인 파워, 네트워크 파워, 모럴 파워, 스피리추얼 파워, 바디 파워, 멘탈 파워, 리더십 파워를 길러서 파워 있고 깨끗한 주님의 일꾼으로 자라나길 바랐다."

자식이 명문대학에 들어갈 실력이라면 어느 부모가 좋아하지 않겠는가. 대부분의 부모들은 자식이 1등을 하면 경쟁에서 승자가 되었다는 자부심에서 벗어나지 못한다. 그야말로 뻐기면서 어깨를 으쓱거리겠지만 성수의 부모님은 달랐다. 이렇게 깨어 있는 부모를 만날 때면 사막에서 오아시스를 만난 기분이 바로 이런 것이구나 싶다.

전교 1등, 성수의 독을 발견하다

하지만 성수는 만방학교에 입학하면서 이전에는 경험하지 못한 어려움들을 겪게 된다. 만방에서는 성수가 상상도 하지 못한 훈련이 기다리고 있었다. 한국에서라면 전혀 문제가 없는 모범적인 아이로 여겨졌겠지만 우리가 보는 성수는 달랐다. 이제부터 성수의 변화 과정을 차례로 소개해보려고 한다.

성수가 만방학교에 온 지 일주일이 되었을 때 쓴 글이다.

"만방학교에 오지 않으려고 했었다. 한국에서의 삶은 세상 모든 것을 다 가진 듯 행복했으니까. 그러나 남부럽지 않은 부모님과 친구들 사이에서 쌓은 인정과 명성은 나를 거만하게 만들었다. 그런 좋은 재능이 나에게 독이 될 줄은 꿈에도 몰랐다. 부모님의 권유로 중국 유학을 다시 생각해보았고, 엄청난 고민과 갈등 끝에 만방학교에 가기로 결심했다. 그때까지만 해도 나는 만방학교를 가볍게 여기고 무시했던 것 같다. 나의 존재를 너무 믿어서였는지 짐짓 시큰둥하게 콧방귀마저 뀌고 있었다. 임원 경험이 많은 만큼 친구 관계는 전혀 고민거리가 아니었으며, 공부도 반에서 1등을 하는 전교권이었으므로 별 걱정이 없었다."

'콧방귀를 뀔 만큼 무시했다?' 우리는 직감했다. 성수가 힘든 시간들을 지나야 할 것임을. 만방학교에서의 생활이 만만치 않기 때문이다. 공부를 잘한다고 봐주고 추켜세우는 일은 더더욱 없다. 공부만 잘하는 학생에 대한 프리미엄이 전혀 없는 곳이 만방학교이다. 2주차를 지나며 성수가 맛보기 시작한 만방생활의 본모습을 들어보자.

성수의 독

|성수의 독 1 | 친구 가리기

"한국에서부터 가지고 있던 나쁜 습관과 내가 가장 취약했던 부분이 결국 친구 관계에서 불거졌다. 서로를 탐탁지 않게 여기던 친구들 간에 충돌이 있었고, 그 가운데에 있던 나는 혼란스러웠다. 만방학교는 마음이 잘 맞는 몇몇 친구들과만 지낼 수 있는 곳이 아니었다. 소수의 인원이 한 반을 이루기 때문에 한 명 한 명의 비중은 컸고, 오히려 그로 인해 인간관계에 대한 부담감만 커져갔다."

여느 학교라면 싫은 친구가 있을 때 그냥 안 보거나 말을 섞지 않으면 된다. 자기만의 울타리에서 나오지 않으면 그만인 셈이다. 미안하지만 우리는 그런 꼴을 못 본다. 이는 곧 자기중심적인 사고에 지배당하는 것이기 때문이다.

| 성수의 독 2 | 인정받기

목장 선생님이 성수를 관찰한 내용에서 그가 어떤 독을 가지고 있는지 찾아보았다.

"성수는 친구들 앞에서는 잘 웃고 활발하지만 선생님이 나타나면 바로 눈치를 보면서 차분하고 신중한 모습으로 바뀝니다. 성수의 깊은 내면에는 선생님에게 인정을 받아야 한다는 강박과 동시에 자신은 다른 친구들과는 다른 특별한 사람이라는 생각이 있는 듯합니다. 그래서 성수는 만방학교에 오는 순간부터 힘들어했습니다."

| 성수의 독 3 | 우월감과 시기심

실제로 만방에 와보니 성수보다 공부를 잘하는 아이들이 수두룩하였다. 일례로 영어 수준별 학습을 진행할 때 거의 원어민 수준의 실력을 가진 반은 En1이었는데, 성수는 En2반이었다. En2반에서는 성수가 1등이지만 En1반으로 가면 꼴찌를 하는 것이다. 선생님은 성수의 잠재력을 보며 En1반으로 옮길 것을 제안했지만 성수는 꼴찌보다는 1등을 하는 반을 선택하려고 했다. 결국 선생님의 계속적인 권유로 En1반으로 옮긴 성수는 예상한 대로 처음에는 꼴찌였지만 그의 영어 실력은 일취월장하였다.

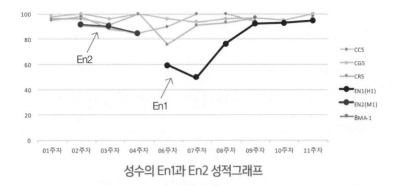

성수의 En1과 En2 성적그래프

결정적으로 성수의 자존심이 완전히 망가지는 순간이 찾아왔다. 바로 반장, 부반장을 발표할 때였다. 성수는 기대가 컸다. 한국에서 매번 반장만 해왔으니 이번에도 자신이 반장이 될 거라 확신하며 반장 소감문까지 생각해 놓았다. 그러나 선생님이 반장의 이름을 불렀을 때 성수는 자신의 귀를 의심하지 않을 수 없었다. 선생님의 반장 발표 후 성수가 쓴 감상문을 읽어보자.

"우리 반에서 나는 부반장이 되었다. 납득할 수 없는 결과였다. 전에 얼핏 내가 부반장이라는 소리를 들은 적은 있지만 '설마 진짜겠어?'라는 희망을 붙잡아오던 터였다. 실낱같은 희망이 분노로 바뀌는 순간이었다. 소감과 각오를 발표할 때 진짜 나 대신에 가식적인 내가 마이크를 잡아 말했고, 나는 내 생각과 감정을 통제할 수가 없었다. 부끄러운 사실이지만, 나는 내가 반장이 된 친구보다 더 잘났다고 생각하고 있었다. 앞으로 그 애를 받쳐줘야 한다는 생각을 하니 화가 나고 앞길이 막막했다. 아니, 우월감과 이기심을 버리지 못하고 있는 나 자신에게 도

자녀를 빛나게 하는 디톡스교육

리어 화가 나기도 했다. 다른 사람을 '보조해주는 역할'은 한국에서 내가 맡았던 역할이 아니었기 때문이다. 자존심이 유리창 깨지듯이 와장창 무너져버렸다."

우월감과 시기심은 결국 같은 것이다. 남들보다 잘할 때는 우월감으로 나타나고 남들보다 못할 때는 시기와 질투로 표현될 뿐 모두 '비교'에서 비롯된다. 성수는 비교를 통해 본인의 가치를 평가하고 있던 것이다.

상품이 아닌 작품으로

한국에서 인정만 받다 보니 성수의 내면은 우월감, 자만, 질투, 비교의식 등의 독으로 가득 차 있었다. 이런 아이야말로 마음의 독을 빼주는 디톡스가 필요하다. 선생님들은 지혜를 모았고 네 가지 영역에서의 지도 방향, 즉 디톡스 처방을 설정하였다. 성수가 먹어야 할 디톡스 음식은 다음의 그림과 같다.

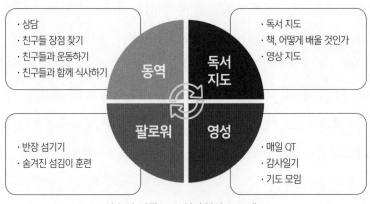

성수의 디톡스 & 임파워링 프로세스

우선 성수와 자주 상담을 해야 했다. '이렇게 하라, 저렇게 하라' 식의 지시형 상담이 아니라, 성수가 자신의 문제를 인지할 수 있도록 바르게 안내하는 상담을 진행하면서 디톡스해나갔다.

"성수는 자신의 장점을 나눠줘서 상대가 자신보다 더 높아지는 것이 싫다고 하였습니다. 이런 성수에게, 지식인은 지식을 채워가는 사람이지만 성공한 사람은 사람을 채워가는 인생을 살 수 있음을 알려주었습니다."

목장 선생님은 성수가 더 발전할 수 있는데 이러한 독들이 그를 붙잡고 있는 것을 진심으로 안타까워했다.

"성수는 자기가 가진 우월의식에 대해 말하면서, 친구들 사이에서 리더로서 자신이 최고가 되어야 하고 자기 의견대로 상황을 만들어가야만 직성이 풀린다고 하더군요. 그런 성수에게 '보이는 것을 움직이는 사람'과 '보이지 않는 사람의 마음을 움직일 수 있는 리더'에 대해 이야기해주었습니다. 진정한 리더란 사람의 마음을 움직이는 사람임을 말이지요."

성수는 시기심이라는 관계의 독, 자만이라는 멘탈의 독, 독선이라는 리더십의 독으로 가득했고 선생님들은 그 독이 빠지도록 시간과 에너지를 아끼지 않았다.

파워업 Ready, 변화를 향한 첫발

변화의 시작은 나에 대해 아는 것, 즉 분명한 자기인지에서부터 출발한다. 그러나 많은 아이들이 정작 '자신의 무엇'이 잘못되었는지 모르는 경우가 많다. 성수처럼 맹목적으로 1등을 쫓는 데에 급급하다 보니 자신의 내면에 쌓여가는 독에 대해서는 한 번도 생각해본 적이 없는 것이다.

저개발국에 가보면 신호등이 있고 도로선도 분명히 그어져 있지만 사람들은 그것을 무시하고 신호를 어긴다. 문제는 그들이 이것을 잘못된 행위라고 생각하지 않는다는 점이다. 요즘 십 대의 모습이 이와 겹쳐져 보이는 것은 왜일까. 많은 십 대 아이들이 자신에게 치료해야 할 독이 있음에도 고쳐야 될 필요성을 못 느낀다. 자신이 가진 문제를 문제로 인식하지 못하기 때문이다. 굳이 메타인지나 자기인지 등 어려운 용어를 쓰며 학문적으로 다가갈 필요는 없다. 자신의 문제가 무엇인지 인식하는 일이 우선이다.

성수는 선생님과의 대화와 상담을 통해 중요한 결심을 했다.

"내가 냉정하게 평가해야 하는 사람은 '나'이다. 나를 힘들게 하는 모든 것들을 온몸으로 느끼고 부딪치자."

자신의 문제가 무엇인지 '알고' '해결되기를 원한다'면 모든 것은 시간 문제이다. 여기까지 이르도록 이끄는 과정이 교사의 역할 가운데 가장 중요한 역할이라고 할 수 있다.

아이들이 부모의 말을 잔소리로 여기는 이유는 무엇일까? 아직 자기 인지가 안 되어 있는 자녀에게 '하지 마라'라는 말만 하기 때문이다. 학교에서는 어떠한가. 대부분의 학교에서는 그저 규율만을 강조한다. 규율은 반드시 필요하지만 교사와 부모가 규율을 지켰는지를 판단하는 판사가 되어서는 안 된다.

마음의 디톡스는 반드시 과정을 거쳐야 한다. 즉, 시간이 필요하고 기다림이 필요하다는 말이다. 우리가 어떻게 아이의 독을 즉시 빼주겠는가? 불가능하다. 부모의 역할은 아이의 내면을 좋은 것들로 채워주는 것이다. 내면에 쌓인 독을 빠지게 하는 방법은 무엇인가? 독의 양식이 들어오지 않고 생명의 양식이 들어오면 독은 자연히 굶어 죽고 선으로 채워진다. 결과적으로 교만의 자리가 '겸손'으로, 시기와 질투의 자리가 '섬김'으로, 이기심의 자리가 '사랑'으로, 개인주의 자리가 '공동체 의식'으로 채워지는 것이다.

| 디톡스 1 | 관계의 독을 디톡스하다

친구 관계에 있어서도 독을 가지고 있었던 성수는 관계의 독을 디톡스하기 위해 친구들의 장점을 찾기 시작했다. 자기보다 못하다고 여겼던 친구들에게서 배울 점을 열거해보는 방법이었다. 친구를 보는 관점이 바뀌지 않으면 관계의 독은 빠지지 않는다. 우리는 모두 마태복음 7장 3절과 같이 자신의 눈 속에 있는 들보는 깨닫지 못하고 상대방의 눈 속에 있는 티만을 보기 때문이다.

이름	장점	배울 점
재석	- 독서를 잘한다. - 친구들을 차별하지 않는다. - 주변 환경에 쉽게 영향받지 않는다.	- 자기 할 일을 알아서 잘한다. - 팔로워십을 갖추고 있고 공동체를 섬길 줄 안다. - 자존심을 내세우거나 우쭐대지 않는다.
주섭	- 잘 웃는다. - 타인을 잘 웃길 수 있다. - 틀리더라도 말하는 용기가 있다.	- 신앙심이 좋다. - 때때로 분위기를 잘 이끌어간다. - 직설적이고 할 말은 하는 편이라 갈등을 빠르게 정리해나간다.
서중	- 독서를 잘한다. - 인내심이 많다. - 신중하게 생각한다. - 배드민턴을 잘 친다.	- 친구들이 뭐라 해도 쉽게 화를 내지 않고 마음을 잘 통제한다. - 자기 의견만 고집하지 않고 남을 이해한다. - 이야기를 잘 들어준다.

친구들의 '장점과 배울 점에 대한 리스트'를 적고 나서 성수는 많은 것을 느꼈다. 친구 관계에서 독이 빠지고 나니 평생을 함께 할 든든한 우정이 자리잡은 셈이다. 한 단계 성장한 성수의 고백을 들어보자.

"솔직히 예전에는 친구들의 장점을 찾기 힘들었다. 그동안은 나만 잘 났다고 생각하는 마음이 컸기 때문에 가끔은 친구들과 어울리고 싶지 않을 때도 있었다. 이 친구들과 앞으로 지낼 일을 떠올리면 눈앞이 캄캄 해지기도 했다. 하지만 내가 잘났다는 생각을 버리자 친구들의 장점을 비교적 쉽게 찾을 수 있었다. 자연스레 같이 지낼 때 그들을 더 존중할 수 있었고, 곧 다 같이 잘 어울려 지낼 수 있었다. 앞으로 내 안에 있는 나쁜 옛 습관을 버리고 친구들에게 배울 점을 찾으며 그들의 장점을 높이고 친구들을 더욱 인격적으로 대하는 내가 되고 싶다."

그 조그마한 머리로, 조심스럽지만 당차게 변화의 첫발을 내딛은 성수. 가까이 있으면 머리라도 쓰다듬어주고 싶다. 다음 도전을 향해 나아가는 아이를 함께 응원해주시길.

|디톡스 2 | 우월감의 독을 디톡스하다

생애 처음으로 부반장이 되어 뭉개져버린 자존심. 당신이라면 성수에게 어떤 말을 건넬 수 있을까? "괜찮아, 다음에 반장이 되면 되잖아"라고 말할지도 모르겠다. 아마 대부분이 이렇게 허울 좋은 위로를 건넬 것이다. 그러나 이런 위로는 남들을 찍어 눌러야 내가 오를 수 있다는 생각을 부추길 뿐이다. 그렇게 알게 모르게 쌓여가는 오만의 독, 절대로 빠지지 않을 것 같은 우월감의 독에서 벗어나기 위해 성수는 본격적으로 '반장 섬기기 프로젝트'에 도전했다.

성수의 결심을 보자.

"목장 선생님과 상담을 하면서, 나는 그동안 진짜 리더가 무엇인지 몰랐고 팔로워십도 갖추지 못하고 있음을 실감했다. 한국에서 나를 칭찬하고 인정해준 친구들과 선생님들에게 괜히 화풀이를 하면서 나 자신에 대한 한탄이 절로 흘러나왔다. 나의 여정이 결코 쉽지 않을 것임을 잘 안다. 내 마음의 정원에는 이미 강철같이 단단한 돌과 잡초가 무성하게 나 있고, 이를 제거하고 다듬으려면 많은 노력이 필요할 것이다. 하지만 이제 내가 부족한 부분을 알게 된 이상, 앞으로 반장을 도와 반을 좋은 방향으로 이끌 생각이다. 반장에게 배우며 팔로워십을 기르고 싶다."

우월감으로 가득 찼던 성수가 바뀌기 시작하는 순간이었다. 팔로워십이 없다면 진정한 리더십을 발휘할 수 없기 때문에 리더십의 기초는 팔로워십이다. 성수는 매주 '섬김이 체크리스트'를 채워가며 섬김의 훈련을 성실히 해나갔다. '숨겨진 섬김이 훈련'이란 늘 앞에 드러나기만 했던 성수가 자신을 드러내지 않은 상태에서 자신의 장점을 이용해 친구를 도와주고 세워주는 연습이다. 이를 통해 성수의 우월감, 자만, 교만의 독을 빼고 그 자리를 겸손과 팔로워십으로 채워주었다.

섬김이 체크리스트

이름 : 한성수   날짜 : 11월 2일 ~ 11월 16일

항목	체크	내용
나의 중심이 바로 서기 위해 QT 하기	V	QT를 하고, 더 나아가 내 삶에 적용시키려고 하고 있다.
감사일기 쓰기	V	감사일기를 매일 썼다.
솔선 수범 하기 (수업태도, 준비, 집중, 정리정돈, 쓰레기 줍기)	▽	수업에 집중하고 친구들을 조용히 시키려고 하고, 청소도 하였으나 앞으로 더 노력해야 할 것 같다.
주 1회 이상 목장 친구 돕기 (기도하기, 대화하기 등)	V	이번주는 틈이 날 때 마다 목장 친구들을 위해 기도 했다.
주 2회 목장 선생님 찾아가기 (용돈신청, Weekly Life제출 제외)	X	목장선생님께서 나를 찾아와 부르셨다.
긍정적인 말과 행동하기	▽	비속어를 안쓰려고 노력하고 좋지 않은 상황이나 기분을 긍정으로 바꾸려고 노력하였다.
모든 선생님께 밝은 표정으로 인사하기 예절 바른 행동하기	▽	밝게 웃으려고 노력하였으나 아직은 좀 부족한 것 같다.
Weekly Life/ 감상문 등 제 시간에 제출하기	X	토, 일에 감사일기 / QT를 제 때 내지 못하였다.
다양한 분야의 좋은 책 읽기	V	틈 날 때 마다 나에게 가장 도움이 되는 책을 읽으려고 노력했다.
건강한 정신 건강한 몸 (간식, 야식 절제, 적당한 운동, 음식 잔반 남기지 않기)	V	매일 줄넘기와 스트레칭을 하였고 음식을 남기지 않았으며, 야채를 많이 먹었다.

성수의 섬김이 훈련 체크리스트

자녀를 빛나게 하는 디톡스교육

그 많던 독들이 서서히 빠져나가며 성수는 점점 진정한 리더로 성장했다. 이제 진정한 리더로 세워져가는 그의 모습을 확연히 발견할 수 있다.

　"만방학교에 오기 전까지 나는 내가 타인보다 잘났다는, 너무나도 어이없는 생각에 빠져 살았다. 모두가 다 리더인 만방학교에 와서 우월감이란 감정이 타격을 받은 것은 어찌 보면 당연한 일이었다. 한국에 있을 때 주변에서 나에게 잘한다고 하면 할수록 더 겸손해지기는커녕 자만하고 으스댔다. '시기심'은 정말 생각지도 못한 문제였다. 이전까지 타인을 질투해본 경험이 거의 없었으니까. 나보다 잘하는 친구들은 거의 없다고 생각했고, 실제로 나는 대부분 우수한 조건 속에서 살아온 것 같다. 그러나 만방학교에 오니 나보다 잘나고 멋있는 학생들이 너무나도 많았다. 이런 생소한 환경 안에서 마음속에 숨어 있던 시기의 감정이 드러나기 시작했다. 다른 친구가 나보다 더 성장하거나 더 잘 지내는 것 같으면 그 친구와 같이 지내기가 꺼려졌다. 나도 모르게 그의 단점을 찾았고 심지어는 그것에 위안을 삼으려 하기도 했다. 그동안 나는 그리스도께서 원하시는 삶과는 거리가 먼 인생을 살고 있었던 것이다."

　우리는 처음에 성수를 '1등병' 환자라고 불렀다. 물론 성수는 모르겠지만 말이다. 항상 1등만 해온 우등생이었기에 겉보기에는 완벽해 보였지만, '24/360 케어링 시스템'의 4차원 스캐너 앞에서는 그 어떤 독도 숨겨질 수 없었다. 과거 획일적인 교육 속에서 학생들이 상품화되었다면 이제 학생 개개인에게서 작품의 맛과 향이 느껴진다.

'No.1'이 아니라 'Only 1'이 되는 세상, 21세기 교육의 패러다임은 우리와 방향을 같이 하고 있다. 당신은 'No.1'을 좇는 부모인가, 'Only 1'을 꿈꾸는 부모인가?

4장

행복한
공부의 비밀

우리나라 청소년들의 행복도가 OECD 회원국 가운데 꼴찌에 가깝다는 것은 익히 알려진 사실이다. 그렇다면 공부 실력은 어느 수준일까? 사교육비로 날린(?) 돈만 해도 얼마인데, 이마저 꼴찌를 한다면 너무나 억울할 것 같지 않은가?

전 세계 십 대들의 지적 능력을 비교 평가하는 PISA라는 기관이 있다. 2014년 PISA에서 발표한 자료에 따르면, 핀란드와 한국의 청소년들 학업성취도는 항상 최상위권에 속한다. 두 나라가 동일하게 인재 양성으로 국가 발전의 길을 걸어가고 있지만, 공부에 대해 전혀 다른 접근 방법을 취하고 있는 것이 매우 흥미롭다.

그러나 여기서 눈여겨보아야 할 것이 있다. 바로 '공부하는 시간의 양이다. 이를테면 똑같은 성적 A를 받기 위해 핀란드 아이들은 10시간을 공부하는 데 비해, 한국 아이들은 20시간을 치열하게 공부하는 셈이다. 즉, 한국은 공부에 들이는 시간만은 누구에게도 뒤지지 않는다는 말이다.

오히려 여기에 문제가 있다고 생각하지 않는가? 핀란드 아이들이 한국 아이들에 비해 IQ가 더 높은 것도 아니다. 그렇다면 핀란드 아이들을 능가하기 위해서 한국 아이들의 공부 시간을 더 늘려야 할까? 이런 결론을 내는 사람이 있다면 분명 교육에 무지한 사람일 것이다. 진짜 문제는 불행히도 우리 부모들과 교사들이 잘못된 방식으로 아이들을 지도하고 있다는 데 있다.

핀란드와 한국, 무엇이 다른가?

항목	핀란드	한국
학업성취도	A~A+(최상위권)	A~A+(최상위권)
주당 공부시간	학교 30시간 / 개인 8.5시간	학교 50시간 / 개인 19.5시간
공부 흥미도	최상위권	최하위권
수면 시간	8.5시간	7.5시간
공부 방법	토론, 자기주도, 흥미 유발	주입식 수업, 암기형 공부

(자료출처 : PISA)

바보야, 문제는 브레인 독이야

무엇이 이런 차이를 가져오는 것일까? 핀란드는 뇌과학적으로 공부에 접근한다. 공부의 패러다임이 한국과 다르다는 소리이다. 한국은 어떠한가?

'수학의 플러그를 꽂아라. 수학 지식을 주입시켜 주마.'

'영어의 플러그를 꽂아라. 영어 지식을 주입시켜 주마.'

주입식 단순 암기형 공부 vs 두뇌의 힘을 키우는 공부

이런 식이다. 공부는 먼저 '두뇌 근육'을 만들어주어야 한다. 그럼에
도 아직까지 한국은 단순히 공부에 많은 시간을 쏟으면 될 것이라는 전
근대적 접근 방법에서 벗어나지 못하고 있다. 4시간 자면 붙고, 5시간
자면 떨어진다는 '사당오락四當五落'이란 말은 그 비과학성을 말해주는
대표적인 표현이다. 오늘도 자녀를 불철주야 공부에만 매진시키는 부
모들에게 이렇게 말해주고 싶다.

"바보야, 문제는 브레인 독이야(It' the brain tox, stupid)."

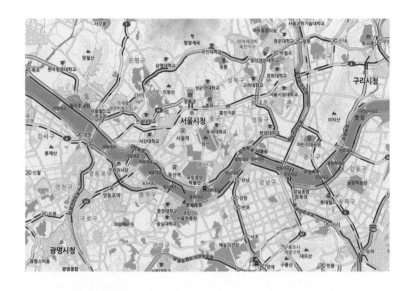

여기 서울시 교통 상황을 보여주는 지도가 하나 있다. 네비게이션을 보면 대부분의 도로가 '막힘'을 뜻하는 빨간색으로 표시되어 있다. 이런 상태라면 잠실역에서 김포공항까지 가기 위해 적어도 두 시간은 잡아야 하지 않을까? 이 도로가 모두 '녹색'으로 표시되어 있다면 1시간도 걸리지 않을 거리를 말이다.

바로 이것이다. 한국의 아이들은 뇌 신경회로를 온통 '빨간색'으로 만들어 놓고 낑낑거리며 공부라는 차를 운전하고 있는 셈이다. 얼마나 힘들겠는가. 짜증나고 다리에는 쥐가 날 것 같은 데다 중간에 소변까지 마렵다면 지옥이 따로 없을 것이다.

우리 뇌에 독이 가득 차 있으면 정보처리 능력이 곤두박질칠 수밖에 없다. 공부에 들이는 시간에 비해서 결과가 안 나오면 불안해지기 시작하고 시간을 더 투자해야 할 것 같은 초조함에 빠지게 된다. 그럴수록 뇌 속의 정보처리 도로는 빨간색으로 가득해진다. 그야말로 "어찌할 꼬"가 절로 터져 나오는 상황이 아닌가.

뇌의 정보처리 흐름을 '녹색'으로 바꿔야 한다. 이것이 바로 '브레인 디톡스'이다. 뇌 속이 녹색으로 가득할수록 두뇌 근육이 만들어지고 공부력이 생긴다. 공부력이 높아지면 성적은 자연스레 오르게 되어 있다.

● 유해물질 ○ 유익물질

행복한 공부의 비밀

만방학교 선생님들과 농담 삼아 하는 이야기가 있다.

"아이들을 시험에 빠지게 하자. 그래야 시험에 들지 않는다."

그래서 만방학교에서는 매주 시험을 보는데, 이름하여 '위클리 테스트'이다. 매주 시험을 보기 때문에 자신만의 성적 그래프를 그릴 수 있다. 이 성적 그래프는 점수보다는 생활 그래프라고 할 수 있다. 생활과 자세와 정서, 몸의 컨디션이 그대로 성적에 반영되기 때문이다.

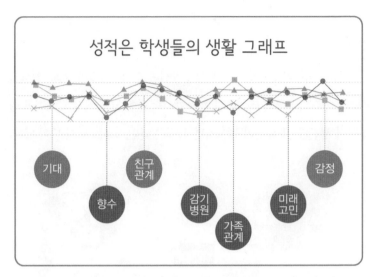

 성적은 학생들의 생활 그래프

기대 친구관계 감정 향수 감기병원 가족관계 미래고민

성적 그래프 = 생활 그래프

선생님들은 이 성적 그래프를 가지고 주기적으로 학사 상담을 한다.
학생들은 성적 그래프에 어떻게 반응할까?

"학사 상담을 하면 모두들 자신의 점수와 그동안의 그래프에 큰 관심
을 보입니다. 자신의 성적 그래프를 본 학생들의 반응은 매우 다양합니
다. 어떤 학생은 아쉬워하는 반면 어떤 학생은 덤덤한 편이고, 또 어떤
학생은 자신이 노력한 만큼 성과가 나와 기뻐하기도 합니다. 이런 반응
들 중에 안타까운 마음이 들었던 한 신입생이 있는데요. 미국의 매우 우
수한 학교에서 소위 'all A'를 놓치지 않았던 학생으로 만방학교에 와서
도 매우 좋은 성적을 유지하고 있었습니다. 학업이나 생활면에서 어느
것 하나 흠잡을 데가 없어 보였죠. 그런데 1차 학사 상담을 한 후 아이

가 쓴 감상문을 보고는 깜짝 놀라고 말았습니다. 감상문에는 성적에 대한 과도한 집착이 고스란히 나타나 있었거든요. '오직 점수만이 나의 존재감을 드러내기에 한시도 마음 놓고 살 수가 없어요. 부담감 때문에 그동안 행복하지 않은 생활을 한 것 같아요.' 무엇보다 자신에 대한 자책이 들어 있어서 가슴이 아팠습니다."

이 아이가 자꾸 눈에 밟혀 그날 밤 잠을 잘 수가 없었던 나는 궁금한 마음에 현솔이의 감상문을 마저 읽어보았다.

"선생님들이 성적에는 신경 쓰지 말라고 하시지만 은근히 학생들의 성적을 보는 것 같아요. 학업 성과에 따라 그 학생의 성격, 성실함, 책임감에 대해 추측하시는 것 같아 안심할 수가 없어요. 아직도 전 점수에 연연하고 시험을 두려워하며 사는 것 같아요. 제 정체성은 제 학교생활기록부에 적혀 있는 점수와 성적이 아닐까요? 100점을 못 받으면 못 받아서 불행하고, 100점을 받으면 다음에 또 100점을 받아야 한다는 부담감 때문에 불행해요. 이번 주 자습 3교시에는 선생님이 쉬거나 운동을 하라고 하시면서 이번 주 위클리 테스트를 볼 때에는 평소보다 낮은 점수가 나와도 걱정 말라고 웃으셨죠. 자유롭고 행복하게 살라고 덧붙이시면서 말이에요. 하지만 제가 성적과 점수를 버릴 수 있을까요? 그러면 후회가 될 것 같아요. 언제쯤 저는 행복해질 수 있을까요?"

성적에 대한 집착은 왜 생기는가? 현솔이는 학생을 평가하는 기준이 성적이라고 믿었다. 만약 이 감상문이 당신의 자녀 것이라면?

관점의 변화를 위해서는 먼저 세계관을 바로 심어주어야 했다. 선생님의 노력과 세계관 강의를 통해 현솔이는 드디어 이런 고백을 하기에 이르렀다.

"성경에 의하면 나는 하나님이 독특하게 창조하신 소중한 사람으로서 나와 같이 소중한 다른 사람들을 도우면서 인생을 살아가야 한다. 그러나 적자생존의 세계관에 의하면 나는 우연히 탄생한 생물체일 뿐이다. 이 치열한 세상에서 살아남아 세상의 것을 즐기기 위해서는 경쟁을 해야 한다. 이는 이 세상을 어둡고 냉정한 곳으로 만든다." (상담 감상문 中)

현솔이에게 영적인 디톡스와 함께 멘탈 디톡스를 해나가야 했다. 성적에 대한 집착, 완벽주의, 열등감 등은 그가 가지고 있었던 주된 독이었다. 이러한 독을 빼는 디톡스 과정을 진행하면서 공부에 대한 관점을 바꿔주고, 공부의 목적과 비전을 다시 한 번 생각하는 시간을 가졌다. 그리고 한 달 후, 2차 상담을 가졌다.

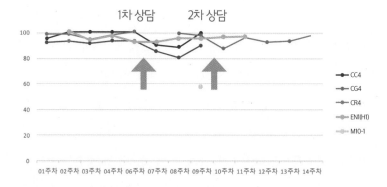

위의 그림은 현솔이의 성적 그래프다. 1차 상담까지는 불안과 초조라는 독을 지닌 채 필사의 노력으로 얻은 높은 성적이었다. 두 선생님은 현솔이에게 이렇게 말했다.

"현솔아, 숙제를 하나 내줄게. 이번 주에는 놀아봐. 위클리 테스트를 볼 때 평소보다 낮은 점수가 나와도 너 자신에게 너그러움을 허락해 보는 게 어떻겠니?"

성적에 대한 강박관념에서 벗어나도록 돕기 위한 선생님들의 권고였다. 그렇게 한 달 동안 디톡스 과정을 거치고 2차 상담 이후, 현솔이는 다시 높은 성적을 거두었다. 이유가 무엇일까? 현솔이의 뇌신경 회로의 공부 도로가 불안과 초조함 때문에 정체를 나타내는 빨간색에서, 평안함과 여유로움으로 씽씽 달리는 초록색으로 바뀐 것이다. 이전에는 낮은 공부력으로 시간을 많이 투자하며 공부한 결과라면 2차 상담 이후는 높은 공부력으로 충분한 수면시간과 친구들과의 여유시간도 가지며 공부한 결과이다. 어떻게 공부력의 비밀을 깨달았는지 궁금하지 않은가?

"제가 공부에 신경을 많이 썼던 이유는 제 강점이 공부를 잘한다는 것뿐이라고 생각했기 때문입니다. 많은 사람들이 공부, 미술, 음악, 체육과 같이 눈에 보이는 것만을 중요한 은사라고 생각합니다. 그러나 하나님은 우리에게 이것을 초월하는 능력, 이를테면 사람의 마음을 이해하고 사랑하는 것처럼 눈에 보이지 않는 은사도 주셨습니다. 하나님은 우리를 모두 동등하고 독특하게 창조하셨으며 우리를 향한 계획을 세우셨습니다. 저는 요즘 점수를 위한 공부를 버리고 십 대의 비전을 찾고 있습니다. 아직 제가 무슨 일을 해야 할지 정확히는 모르겠습니다. 그래도 마음이 여유로워지니 아침에 시험공부 대신 QT나 독서를 하게 됩니다. 요즘은 색다른 공부를 하고 있는데요. 바로 공동체의 일원으로서, 하나의 섬김이로서, 리더로서, 사람으로서 성장하는 '행복한 공부'입니다."

과연 공부가 행복할 수 있을까? 점수라는 욕심, 성적이라는 욕심, 명문대 합격이라는 욕심…. 이 '욕심' 때문에 부모와 자녀 간의 다툼이 있고 친구 간의 경쟁과 싸움이 있다.

욕심이 많은 자는 다툼을 일으키나 여호와를 의지하는 자는 풍족하게 되느니라 (잠언 28:25)

과연 행복한 공부의 비밀은 무엇일까? 현솔이는 힘주어 말한다.

"제가 점수는 놓았지만 배우는 마음과 성실함은 놓지 않았어요!"

얼마나 멋진 깨달음인가! 현솔이의 마음에는 평안이 가득했다. 행복한 공부가 시작된 것이다. 현솔이는 행복한 공부방의 열쇠를 갖게 되었다. 그 비밀의 방에 들어가려면 바로 '점수를 내려놓는 것'이다. 여기서 그치는 것이 아니라 성실하게 공부에 임할 때 주님이 주시는 평안함은 집착과 강박관념, 불안과 초조함 등 두뇌 속 공부 도로의 장애물들을 안개 걷히듯 사라지게 한다. 공부 시간을 늘리지 않아도 브레인 디톡스로 말미암아 두뇌에 세로토닌이 충만하여 평안함을 얻어 공부력이 배가되는 경험을 해야 한다.

주의 법을 사랑하는 자에게는 큰 평안이 있으니 그들에게 장애물이 없으리이다 (시편 119:165)

Part 1을 나가기 전에

1. 성경에서 다음 인물들이 갖고 있었던 내면의 독을 생각해보십시오. 하나님께서 어떻게 그들을 디톡스 & 임파워링하셨는지 정리해보십시오.

   엘리야 – 열왕기상 19장
   삭개오 – 누가복음 19장 1절~10절
   베드로 – 요한복음 18장과 21장

2. 당신의 자녀에게서 발견된 독들을 정리하고, 각각의 해결방안을 모색하여 즉시 실천해봅시다. 해결방안으로는 세상의 풍조를 따르지 말고 성경적 해결방안을 모색하기 바랍니다. 최하진 저, 『세븐파워교육』을 참고하시면 큰 도움이 될 것입니다.

3. 지금 당장 감사한 것 다섯 가지를 적어보시기 바랍니다. 그리고 그것이 if(만약) 감사인지, because(때문에) 감사인지, 아니면 in spite of(그럼에도 불구하고) 감사인지 체크하십시오. In spite of 감사를 발견하도록 더욱 힘쓰시기 바랍니다. 한 달 동안 매일 해보시고 어떤 변화들이 생겼는지 점검해보십시오.

Feed your faith
and your doubts will starve to death.

PART 2

자녀를
임파워링 Empowering
하라

5장
파워 인재의 모델, 청소년 다윗

인재를 채용할 때 추천서는 매우 중요하다. 성경 속의 인물 다윗은 그야말로 타인의 추천으로 인하여 드라마 같은 인생이 시작되었다. 사무엘상 16장 18절에 언급된 인재, 다윗의 여섯 가지 특성을 소개하고자 한다. 사울왕의 한 신하는 다윗을 이렇게 추천하고 있다.

내가 베들레헴 사람 이새의 아들을 본즉 수금을 탈 줄 알고 용기와 무용과 구변이 있는 준수한 자라 여호와께서 그와 함께 계시더이다

"I have seen a son of Jesse of Bethlehem who knows how to play the harp. He is a brave man and a warrior. He speaks well and is a fine-looking man. And the LORD is with him." (사무엘상 16:18)

추천인은 다윗에 대하여 수금, 용기, 무용, 구변, 준수함 그리고 하나님이 함께하심, 이렇게 여섯 가지로 설명하고 있다. 나는 이것을 다윗의 '식스펙'이라고 부르고 싶다. 여섯 가지 스펙을 왕에게 추천하고 있기 때문이다. 이때 다윗의 나이가 궁금하지 않은가? 다윗이 골리앗을 때려눕혔을 때가 스무 살보다 전이므로 십 대 후반이지 않았을까 추측할 수 있다. 지금으로 말하면 고등학생 정도, 즉 청소년기의 정점을 찍고 있는 나이였을 것이다.

| 스펙 1 | 그는 수금을 잘 탄다 He plays the harp

다윗은 사울 왕의 정신이 오락가락할 때 수금을 통하여 그의 병을 치료하기까지 했다. 그야말로 역사상 최초의 음악 치료사가 아닐까 싶다. 천부적인 음악적 재능으로 인해 그는 왕궁을 드나들었고, 왕의 아들 요나단을 만나 절친한 친구가 될 수 있었다.

수금을 잘 탄다는 것을 오늘날 어떻게 재해석할 수 있을까? 특기 혹은 달란트를 발휘한다는 의미로 볼 수 있다. 부모는 자녀 안에 있는 모든 달란트를 발산시키도록 도와야 한다. 노래면 노래, 악기면 악기, 미술이면 미술. 하나님은 우리에게 주신 달란트를 극대화시키길 원하신다. 따라서 우리는 학생들에게 이렇게 강조한다.

'사회는 더 이상 지적 능력만을 요구하지 않는다. 달란트도 실력이다. 너의 달란트, 즉 천부적인 재능을 발견하고 극대화하라.'

|스펙 2| 그는 용감하다 He is brave

다윗은 아버지의 양떼를 돌봐야 했는데 때때로 사자나 곰이 양을 물어갔다. 그러나 다윗은 자기의 양을 절대로 포기하지 않았다. 끝까지 쫓아가서 사자나 곰과 싸웠고 양을 되찾아 왔다. 이렇듯 다윗은 자기 일에 대한 열정과 책임감이 있고, 강한 집념을 가진 적극적인 사람이었다.

당신의 자녀를 공격하는 사자와 곰이 있다. '낮은 성적'이라는 사자, '인간관계'라는 곰, '열등감'이라는 늑대, '중독성 강한 게임'이라는 여우가 공격한다. 이들과 싸워 반드시 이겨야 한다. 부모라면 이 모든 맹수들과 싸워 이기는 용기 있는 인재를 기르는 데 집중해야 하지 않을까. 열정과 당당함으로 나아가는 인재가 이 시대에 꼭 필요하다.

|스펙 3| 그는 전사다 He is a warrior

다윗과 골리앗의 싸움은 세상에서 가장 유명한 이야기 중 하나다. 그 당시 전쟁의 대세는 칼과 방패였다. 그러나 다윗은 그만이 갈고닦은 방법을 썼는데, 바로 물맷돌 방식이었다. 물맷돌을 우습게 보지 말라. 이를 물리적인 원 운동 공식으로 계산해볼 수 있다.

$$V = 2 \times 3.14NR$$

여기서 V는 줄을 놓았을 때의 속도, N은 1초에 돌리는 회전수, R은 물맷돌을 돌릴 때 만들어지는 원의 반지름으로 팔과 줄을 합친 길이가 된다. 만약에 1초에 세 바퀴를 돌리고, 반지름이 2.5미터라면 다윗이 물맷돌을 돌리다가 딱 놓았을 때 시속은 169킬로미터가 된다. 따라서 물맷돌은 야구선수 박찬호가 전성기 때 던졌던 야구공의 구속인 160km/hr보다 빠른 속도가 나올 수 있는 비장의 무기였음을 알 수 있다. 정확도 역시 의심할 바가 없다. 맹수들과의 숱한 싸움에서 갈고닦은 실력이 거의 저격수 수준이었으니 말이다. 이 말이 의심된다면 다윗 이전에도 무릿매(물맷돌) 군단이 있었음을 알게 하는 성경구절을 보기 바란다.

> 이 모든 사람들 가운데서 뽑힌 칠백 명 왼손잡이들은 무릿매로 돌을 던져 머리카락도 빗나가지 않고 맞히는 사람들이었다 (사사기 20:16, 표준새번역)

골리앗과의 결전을 위해 하나님께서 다윗을 어릴 때부터 미리 훈련시키신 것이리라. 여기서 물맷돌을 현대적으로 해석한다면 자신만의 탁월한 전문성이라고 볼 수 있다.

자기만의 물맷돌을 갈고닦아야 한다. 절대로 세상의 대세를 따라가면 안 된다. 한국은 '영어만 잘하면 출세할 수 있다'는 골리앗식 사고방식에 빠져 있다. 토익 준비에 청춘을 바치는 한국의 젊은이들이 얼마나 불쌍한지, 그리고 그러한 인사 정책을 펴는 회사들이 얼마나 한심한지….

이뿐만이 아니다. 사교육의 광풍 속에서 너도나도 자녀들에게 주입식

자녀를 빛나게 하는 디톡스교육

공부만을 권하고 있고, 아이들은 'No.1'이 되기 위해 모두 동일하게 경쟁한다. 이처럼 그저 1등만을 좇는다면 사회나 회사에 이용당하는 상품이 될 뿐이다. 쓸모없으면 용도폐기 당하고 말 것인가. 그러나 'Only 1'은 다르다. 'No.1'이 상품을 만든다면 'Only 1'은 작품을 만들어나간다.

오직 나만의 실력을 만들어야 한다. 당신의 자녀에게 쥐어줄 물맷돌은 무엇인가? 그것이 세상을 이기는 오직 하나, 자신만의 실력이기에 'No.1'이 아닌 'Only 1'이 되어야 한다.

| 스펙 4 | 그는 구변이 좋다 He speaks well

'구변이 좋다'는 말은 단순히 말을 잘한다는 데 그치지 않고, 자기의 생각을 잘 표현하며 소통과 설득을 할 줄 안다는 것이다. 다윗은 설득의 달인이었다. 어떻게 아냐고? 생각해보시라. 한 나라의 운명이 골리앗과 싸우는 자에게 달려 있었지만, 현실은 골리앗이라는 바람 앞에 선 다윗이라는 촛불에 불과했다. 전투 경험도 많지 않았던 다윗이 전쟁터에 있는 형들에게 도시락을 갖다주러 왔다가 골리앗의 기세에 눌려 있는 자기 민족을 발견한 것이다. 사실 다윗을 군인이라고 번역하기보다는 그저 맹수와의 싸움꾼이라고 하는 게 맞는 말일 것이다. 그 당시 사람들이 실제 전투 경험이 전무했던 다윗을 대환영하며 어서 나가 골리앗과 싸우라고 할 수 있었을까? 그에게 국운을 맡긴다는 것은 한마디로 미친 짓이다. 마치 개미 한 마리가 코끼리 머리 위에 올라타서 코끼리에게 '꽉 밟아 죽이겠다'고 말하는 것과 다를 게 없는 코미디 같은 상황 아닌가.

그러나 다윗은 사울왕을 설득하기 시작한다.

"왕께서 사기를 잃으시면 안 됩니다. 제가 나가서 싸우겠습니다. 저는 양들을 돌보며 사자와 곰들과 무수히 싸웠고, 그때마다 제가 이겼습니다. 그들이 물어간 양들을 되찾아 왔습니다. 하나님이 저를 건져주신 것입니다. 마찬가지로 저 블레셋 사람과 싸워도 저를 숱하게 건져주신 하나님께서 반드시 승리케 하실 것입니다."

다윗은 자신의 실력과 강한 확신 그리고 하나님이 함께하신 경험을 비장하고 결연하게 설명했다. 결국 사울 왕은 마음을 돌려 그를 출전시키기로 한다.

우리 자녀들에게도 이 같은 설득력이 필요하다. 자기 욕구를 충족시키기 위해서가 아니라 하나님의 나라를 위해서 말이다. 이는 곧 신앙이 좋아야 하는 이유이며 책을 많이 읽어야 하는 이유이기도 하다.

만방학교에는 '3분 스피치' 훈련이 있다. 주제를 하나 정한 다음 소그룹으로 나누어 그 주제를 연구하고 토론하며 글을 작성하여 발표한다. 생각할 줄 알고 논리를 세워 글을 쓸 수 있으며 패배의식에 젖어 있는 사람을 설득하는 능력의 소유자, 소통의 달인을 이 사회는 요구하고 있다.

| 스펙 5 | 그는 외모가 좋다 He is a fine-looking man

영어로 'How are you?'라고 물어보면 'I'm fine'이라고 답한다. 이때 말로만이 아니라 얼굴에 그 말이 쓰여 있어야 한다. 마찬가지로 여기서 '외모가 좋다'는 말은 미남형이라기보다는 인상이 좋다는 의미이다. 멀리서 보기만 해도 그야말로 'fine-looking'인 셈이다.

자녀를 빛나게 하는 디톡스교육

소위 '얼짱'보다 중요한 것은 좋은 인상, 좋은 표정이다. 얼굴이 아무리 예뻐도 맨날 수심이 가득하고 우울한 표정이라면 주변 사람들에게 행복을 주지 못할 것이다. 내가 신입 사원을 뽑는 CEO라면 반드시 그 사람의 표정을 보겠다. 같이 있으면 신나고 기분이 좋아지는 사람이라면 회사를 위해서 큰 이익을 가져다주지 않겠는가. 그가 속한 공동체가 살기 때문이다.

부정적 사고방식과 찡그린 인상, 무뚝뚝한 표정 등은 날려버려야 한다. 대신 주변을 환하게 비춰주는 표정, 'fine-looking face'를 우리 자녀들이 가져야 하지 않을까.

| 스펙 6 | 주님이 그와 함께하신다 The Lord is with him

하나님이 함께하심을 어릴 때부터 경험하는 것은 인생의 큰 자산이라 할 수 있다. 이런 사람은 자존감이 높고 모든 면에서 당당하다. 즉, 쭈뼛거리거나 주저하거나 빌빌거리지 않고 담대함이 있다. 전능하신 하나님이 함께하시는데 뭘 못하겠으며, 어딘들 못 가겠는가? 분명한 삶의 목표가 있기에 푯대를 향해 달려가고 불가능에 도전할 수 있는 것이다. 따라서 청소년기에는 특별히 신앙의 캐치프레이즈(catchphrase)가 필요하다.

"No possibility? No problem in God!"

청소년 다윗은 신앙(스피리추얼 파워), 창의력과 전문성(브레인 파워), 긍정

과 열정(멘탈 파워), 소통 능력(네트워크 파워), 뛰어난 체력(바디 파워), 민족애
(모럴 파워), 목양(리더십 파워) 등 일곱 가지 파워를 고루 갖춘 인재이다. 오
늘날 기업과 사회가 원하는 인재상에 딱 부합된다. 어떤 조직이든 신앙
만 좋고 실력은 없는 사람을 원하지 않는다. 신앙과 실력을 이원화하면
안 된다는 사실을 다윗을 통해 배운 셈이다. 골리앗이라는 세상에 타협
하고 굴복하며 비굴해지는 기독교인? 생각만 해도 끔찍하다.

자녀를 빛나게 하는 디톡스교육

6장
'진짜 교육'을 위한
일곱 가지 파워

우리는 왜 교육을 해야 할까? 당신이 자녀를 교육하는 이유가 무엇
인지 생각해본 적이 있는가. 디모데후서 3장 16절과 17절에서 힌트를
찾을 수 있다.

모든 성경은 하나님의 감동으로 된 것으로 교훈과 책망과 바르게
함과 의로 교육하기에 유익하니 이는 하나님의 사람으로 온전하게
하며 모든 선한 일을 행할 능력을 갖추게 하려 함이라 (디모데후서
3:16-17)

이 말씀에 우리가 교육을 하는 이유가 분명히 언급되고 있다. 하나
님의 사람으로 온전하게 하고 모든 선한 능력, 즉 파워를 지니게 하는

것이 곧 교육이다. 그래서 나는 스쿨 혹은 학교라는 이름 대신, 파워를 길러주는 곳이라는 의미로 '파워나지움'이라는 단어를 만들었다. 공부만 잘하는 것이 아니라, 혹은 종교성만 강조하는 것이 아니라 다양한 능력을 갖춘 참다운 신앙의 능력인인 청소년 다윗과 같은 인재를 만들어야 한다. 만방학교는 그리스도의 영향력을 넘치게 발휘할 인재를 양성하는 파워나지움이다. 모든 선한 능력까지는 모르겠지만 최소한 일곱 가지의 파워를 길러주는 것이 만방의 교육인 셈이다. 일곱 가지 파워에 대해 궁금하다면 『세븐파워교육』이라는 책을 참고하길 바란다.

Connected POWER

만방 파워나지움

자녀를 빛나게 하는 디톡스교육

학부모들이 본 세븐파워교육은 어떤 모습일까. 한 학생의 부모가 쓴 독후감을 소개한다.

"초등학교를 졸업하고 상급학교에 진학한 후, 직장을 다니다 결혼을 하고 아이를 낳아 학교에 보내기까지 20여 년의 시간이 흘렀다. 그동안 세상의 기술과 문화는 하루가 다르게 발전하여 머릿속에서만 생각했던 많은 것들이 현실화되는 놀라운 변화의 시대를 살아가게 되었다. 그런데 첫아이를 초등학교에 보내고 처음 느낀 감정은 절망감 내지는 답답함이었다. 가장 발전했으리라 기대했던 학교 교육이 20여 년 전의 모습 그대로라는 사실은 넘을 수 없는 벽에 부딪힌 것 같은 충격을 주었다.

내가 다니던 그때의 학교 교육은 일방적으로 지식을 주입하는 방식이었다. 이유도 뜻도 모른 채 알려주지도 않고 구태여 알려고도 하지 않는, 단지 공식과 암기를 위주로 한 교육이었다고 기억한다. 그래서 초등학생 시절을 떠올리면 뭔가 아쉽고 부당하다는 생각이 들곤 했다. 그런데 이제는 내 자녀가 똑같은 교실에서 하나도 변하지 않은 교육방식으로, 일부러 점점 어렵게 만들어버린 공부를 하기 위해 쩔쩔매고 있다는 사실이 너무 슬펐다.

그러나 시간이 흐르면서 내가 어떻게 할 수 있는 일이 아니라는 생각이 들었고, 이내 포기하며 익숙해져 갔다. 어느 순간 나 역시 그 시스템과 한 몸이 되어 내 아이들을 힘들게 하고 있는 게 아닌가. 그러던 차에 최하진 박사님의 세븐파워교육에 대한 강의를 듣고 그 책을 읽게 되었다. 불만만 있었지, 어떻게 해야 할지 방법을 몰랐던 나에게 박사님의 교육은 신선한 충격과도 같았다. 세븐파워교육에는 우리 아이들을 위한 교육이 구체적이고 통계적이며 과학적이고 정직하게 드러나 있었다."

교육다운 교육을 찾아보기가 힘든 요즘, 교육의 본질에 충실한 학교를 만나는 것만큼 부모로서 설레는 일은 없을 것이다. 세븐파워교육이 무엇을 다루고 있는지 궁금하다면 교육 현장 속에서 직접 경험한 이야기들이 담긴 그녀의 독후감을 계속해서 따라가보자.

| 진짜 교육 1 | 네트워크 파워

"선후배, 지연, 혈연 등은 고질적인 병폐를 만드는 것 같다. 그래서 아무 쓸모없는 오래된 유물인 선후배 문화를 없애고 한 가족으로 만든다는 내용이 참 반가웠다. 열심히 공부해서 대학에 가자마자 선배로부터 성추행을 당하거나 선배들이 술을 너무 많이 먹여 사망에 이르는 등 어처구니없는 사건들이 끊임없이 일어나는 요즘, 우리 아이들에게 절대 물려주지 말아야 할 문화가 아닐까.

특히 교장 선생님과 담당 선생님들과 함께하는 '우유 타임'은 생각만 해도 감사하다. 늘 성적을 기준 삼아 아이들을 평가하고, 그저 가르침의 대상으로만 여기며 일방적인 지식을 전달하는 선생님이 아닌, 아이들의 이야기를 들어주고 인격적으로 대해주는 따뜻한 교장 선생님과 선생님들을 만난다면 우리 아이들은 얼마나 행복할까.

여러 선생님들을 통해 아이들이 배려 받은 만큼 서로를 배려하는 따

자녀를 빛나게 하는 디톡스교육

뜻한 사람이 되리라 믿는다. 그 속에서 능동적이고 활기차며 생각의 폭이 넓어지는 것은 자연스러운 일일 것이다."

새 계명을 너희에게 주노니 서로 사랑하라 내가 너희를 사랑한 것 같이 너희도 서로 사랑하라 (요한복음 13:34)

철이 철을 날카롭게 하는 것 같이 사람이 그의 친구의 얼굴을 빛나게 하느니라 (잠언 27:17)

| 진짜 교육 2 | 멘탈 파워

"감사하는 습관이 얼마나 위력적인지 알게 되었다. 감사의 말 한마디를 생각해내고 입술로 고백하고, 그것이 훈련되어 나중에는 모든 삶 속에서 자연스럽게 감사할 때 그 삶은 성공한 인생이 아닐까. 설사 눈에 보이는 성과가 없다 하더라도 말이다. 감사하면 모든 사물과 상황들을 긍정적으로 보게 된다. 따라서 어떤 것을 갖지 못해도, 무엇이 되지 못해도 행복하게 살 수 있다고 생각한다.

최하진 박사님의 강의 중 가장 와 닿은 이야기는 '장거리 도보 여행'이었다. '정 할 일이 없으면 땅이라도 팠다가 다시 메우더라도 고생시켜야 철든다'라는 말이 인상적이었다. 어려운 일을 해봐야 자신을 돌아보며 주위를 돌아보게 되는데, 장거리 도보 여행만큼 좋은 방법도 없는 것 같다. '내 아이가 이 어려운 일을 과연 해낼 수 있을까' 하는 걱정이 되긴

하지만, 다 같이 한다면 용기를 내어 달성할 수 있으리라 본다. 물론 고생스러울 것이다. 하지만 그보다 훨씬 큰 성취감과 협동심과 배려는 따놓은 당상이다."

오직 강하고 극히 담대하여 나의 종 모세가 네게 명령한 그 율법을
다 지켜 행하고 우로나 좌로나 치우치지 말라 그리하면 어디로 가
든지 형통하리니 (여호수아 1:7)

| 진짜 교육 3 | 브레인 파워

"단지 공부를 안 해서, 혹은 운이 없어서 성적이 안 좋은 게 아니라 성적은 관계, 감정, 고민, 건강 등과 밀접한 관계가 있다는 사실이 흥미로웠다. 특히 '위클리 테스트'와 '생활 그래프'가 내 눈을 번쩍 뜨이게 했다. 경쟁을 위한 공부가 아닌 자신의 능력을 키우기 위한 '위클리 테스트'는 자신의 상태를 제대로 알고, 보완해나가며, 발전시키는 데 큰 도움이 된다. 무엇보다 토론식 수업이 눈길을 끌었는데, 자신의 생각을 말하기 위해서는 몇 배의 공부를 통해 완전히 자기 것으로 만들어야 하기 때문에 참 유익하다고 생각한다. 이러한 열린 교육을 받는다면 우리 아이들이 얼마나 큰 세상을 접하게 될까. 상상만으로도 기쁘다."

지혜는 진주보다 귀하니 네가 사모하는 모든 것으로도 이에 비교
할 수 없도다 (잠언 3:15)

| 진짜 교육 4 | 모럴 파워

"부모인 나조차 성적과 관련되어 있지 않으면 크게 신경 쓰지 않고 대충 넘어갔던 도덕, 정직, 남을 돕는 마음 등이 얼마나 중요한지 알게 되었다. '막연히' 그래야만 한다는 게 아니라 '반드시' 정직해야만 하는데, 우리는 지금까지 성적에 그 자리를 내주고 있었던 것 같다. 모럴 파워는 가장 소중하고 가치 있는 힘이라고 생각한다."

악한 자의 집은 망하겠고 정직한 자의 장막은 흥하리라 (잠언 14:11)

복 있는 사람은 악인들의 꾀를 따르지 아니하며 죄인들의 길에 서지 아니하며 오만한 자들의 자리에 앉지 아니하고 오직 여호와의 율법을 즐거워하여 그의 율법을 주야로 묵상하는도다 (시편 1:1-2)

| 진짜 교육 5 | 리더십 파워

"우리 기성세대는 카리스마가 있고 큰 목소리로 진두지휘하는 것이 리더십이라고 잘못 생각하고 있다. 진정한 리더십은 사랑하고 이해하고 섬기는 것임을 다시 한 번 깨달았다. 자녀들이 생활 속에서 '서번트 리더십'을 몸소 배운다면 얼마나 큰 파워를 갖게 될까, 기대감에 가슴이 부풀어 오른다."

또한 지도자라 칭함을 받지 말라 너희의 지도자는 한 분이시니 곧 그리스도시니라 너희 중에 큰 자는 너희를 섬기는 자가 되어야 하리라 누구든지 자기를 높이는 자는 낮아지고 누구든지 자기를 낮추는 자는 높아지리라 (마태복음 23:10-12)

예수께서 앉으사 열두 제자를 불러서 이르시되 누구든지 첫째가 되고자 하면 뭇 사람의 끝이 되며 뭇 사람을 섬기는 자가 되어야 하리라 하시고 (마가복음 9:35)

| 진짜 교육 6 | **바디 파워**

"운동과 음식이 뇌에 미치는 영향에 대해 다시금 곱씹어 보게 되었다. 건강한 몸과 정신을 위해서 운동과 음식은 필수이다. 아이가 만방학교에 가기 전에 이 부분이 가장 염려되었다. 갑자기 살이 찌면서 잘 움직이지 않다 보니 체력은 물론 지구력과 인내력도 많이 떨어져 있는 상태였기 때문이다. 음식도 육류 위주로 먹고, 채소는 거의 먹지 않아서 처음엔 음식 때문에 고생하지 않을까 걱정이 앞섰다. 그렇지만 어려운 고비를 잘 넘기면 지금까지 없었고 지금까지 몰랐던 바디 파워를 실감하게 되고 건강한 몸과 마음을 가진 아이가 되리라 확신했기에 마음 놓고 보낼 수 있었다."

사랑하는 자여 네 영혼이 잘됨 같이 네가 범사에 잘되고 강건하기

를 내가 간구하노라 (요한삼서 1:2)

모세가 나를 보내던 날과 같이 오늘도 내가 여전히 강건하니 내 힘
이 그때나 지금이나 같아서 싸움에나 출입에 감당할 수 있으니 그
날에 여호와께서 말씀하신 이 산지를 지금 내게 주소서 (여호수아
14:11-12)

| 진짜 교육 7 | 스피리추얼 파워

어떤 길은 사람이 보기에 바르나 필경은 사망의 길이니라 (잠언
14:12)

"보통 사람들이 생각하는 성공의 길을 추구하지 않으면서 진정 많은
사람에게 선한 영향력을 미칠 수 있는 파워란 무엇일까 생각해볼 수 있
었다. 눈에 보이는 것이 다가 아니다. 세상의 명예와 안녕을 가치 없는
것으로 여기고 지구촌 곳곳에 깃발을 꽂은 선교사들을 떠올리며, 자녀
들뿐 아니라 모든 부모들도 쓰임 받기 위해 스피리추얼 파워를 반드시
키워야겠다고 생각했다."

그러므로 형제들아 내가 하나님의 모든 자비하심으로 너희를 권하
노니 너희 몸을 하나님이 기뻐하시는 거룩한 산 제물로 드리라 이
는 너희가 드릴 영적 예배니라 (로마서 12:1)

자기의 육체를 위하여 심는 자는 육체로부터 썩어질 것을 거두고 성령을 위하여 심는 자는 성령으로부터 영생을 거두리라 (갈라디아서 6:8)

내게 능력 주시는 자 안에서 내가 모든 것을 할 수 있느니라 (빌립보서 4:13)

학교가 단지 좋은 성적을 내고 좋은 대학을 보내는 데에만 그친다면 인생을 살아가는 데 필요한 이 모든 교육을 어디서 배워야 한단 말인가. 독후감은 다음과 같은 글로 마쳤다.

"세븐파워교육은 모두가 목말라하며 그리던 그런 훌륭한 교육임에 틀림없다. 이 교육을 받게 될 우리 아이들은 분명 세상이 감당치 못할, 주님께 쓰임 받는 귀한 그릇이 될 줄 믿는다. 그리고 그 교육을 통해 간접적으로 영향을 받게 될 나와 우리 가족, 나아가 보다 많은 사람들까지도 선한 영향력을 끼칠 수 있게 되길 소망한다."

위의 글에서 마지막 언급 즉 '선한 영향력'을 발휘하는 인재 만들기, 그것이 바로 세븐파워교육의 목표인 것이다. 하나님이 원하시는 인재는 부정직하지만 공부를 잘하는 인재가 아니다. 모든 선한 능력의 소유자를 만드는 것, 바로 그것이 교육의 진정한 목표 아니겠는가.

'리틀 모세' 선혁이를 기억하는가. 다음은 그의 세븐파워 성장 다이

어그램의 모습이다. 입학할 당시 그의 모럴, 네트워크, 리더십, 스피리추얼 파워는 형편없었다. 키가 크고 건강한 신체에 깃든 바디 파워와 공부를 좀 했던 브레인 파워만 높았다. 그러나 만방학교에 입학한 후 각종 디톡스와 파워업 훈련을 거치며 일곱 가지 파워가 골고루 성장해가고 있다.

리틀 모세 선혁이의 세븐파워 성장 다이어그램

제자의 임파워링 경험 이야기

『세븐파워교육』책을 한 글자 한 글자 읽으면서 선생님들께서 학생들을 위해 얼마나 많은 시도와 노력을 하셨는지 느낄 수 있었습니다.

학생 때는 '내가 받은 교육이지'라고 가볍게 넘겼던 것들이, 지금에서야 책 속에 스며져 있는 눈물과 기도가 보입니다. '공부란 선한 영향력을 발휘하기 위한 파워를 기르는 것이다'라는 정의가 저로 하여금 큰 사명감을 갖게 하였습니다. 저는 대학을 다녔던 4년 동안 세븐파워를 어떻게 길렀는지 나누고자 합니다.

첫째, 네트워크 파워. 보통 메신저로 서로의 안부를 물어보는데, 저는 항상 먼저 찾아가려고 했습니다. 사람이 사람과 대화를 하려면 얼굴을 마주 보고 상대방의 눈을 보며 이야기해야 된다는 것을 만방학교에서 배웠기 때문이죠. 그래서인지 저는 메신저가 참 답답했습니다. 그리하여 캠퍼스 모임 때 핀찬(학교 식당에 들어가 모르는 중국인 친구와 얼굴을 마주보며 밥을 먹는 것. 식사를 하면서 앞에 앉은 중국인 친구와 삶을 나누는 것)이라는 활동을 만들었고, 덕분에 저희는 다른 유학생들과 달리 중국인 친구들을 많이 사귈 수 있었습니다. 인간관계의 첫걸음은 얼굴과 얼굴, 마음과 마음을 주고받는 것이라고 배웠고 습관화되었기에 저 또한 스마트폰이 아닌 상대방의 얼굴을 보는 것이 더 익숙했습니다.

둘째, 멘탈 파워. 제가 대학을 다니면서 주변 사람들에게 많이 들었던 이야기 중 하나가 '넌 참 긍정적이라 좋겠다'라는 말이었습니다. 저 또한 처음에는 불평쟁이였습니다. 나보다 잘난 친구들, 과제들, 알아듣기 힘든 수업 등등 입만 열면 불평이 튀어나와 한때는 투덜이가 되었습니다. 하지만 저는 긍정의 파워가 얼마나 강력한지 알고 있습니다.

자녀를 빛나게 하는 디톡스교육

고등학교 때 이미 겪어봤기 때문이죠. 그리하여 집 안에 감사나무를 만들었습니다. 만방학교에서 했던 감사나무가 대학에 와서도 이어진 것이지요. 집에 사는 사람들 그리고 집을 방문하는 사람들 모두가 감사나무의 감사열매를 채워가기 시작했더니 풍성해진 감사나무만큼 제 삶도 감사로 풍부해졌습니다. '범사에 감사하라!'는 말씀과 같이 감사로 시작된 제 삶이 다시 감사 다발이 되고 제 주변 사람들 또한 '감사하다'라고 말할 수 있는 사람들이 되었습니다.

셋째, 브레인 파워. 저희 만방학생 친구들은 아직도 모여서 같이 공부를 합니다. 각 대학에서 공부를 하다가 수학이나 중국어가 조금 힘겨운 아이들을 도와주며 함께 공부하는 것이죠. 수학을 잘하는 아이는 항상 친구를 위해 시간을 내서 수학을 가르쳐줍니다. 저 또한 중국어가 조금 난해할 때가 있었는데 그럴 때마다 중국어를 잘하는 친구가 저를 도와줍니다. 저희는 이미 함께 가는 기쁨을 알고, 지식을 나누면 배가 된다는 것을 알고 있기 때문입니다. 또한 캠퍼스 모임 때 각자 정치, 경제 등등 공부한 것과 자료들을 나누면서 함께 뛰어난 브레인으로 성장해가고 있습니다.

넷째, 모럴 파워. 대학에 오면 쭈어삐, 즉 컨닝하는 한국 유학생들이 정말 많습니다. 암기 과목들이 많아 다들 조금씩은 컨닝을 하는데, 이때 정말 많이 흔들립니다. 그런데 친구가 시험 때 컨닝을 하는 것은 올바르지 않다고 여겨 용기를 내서 학교 내 부총장 교수님께 사실을 말씀

드렸습니다. 물론 그는 선배들에게 조금의 압박을 받았지만 큰 탈은 없었습니다. 며칠 뒤 유학생 시험 때 교관들이 더 강화되어 컨닝하는 사람들을 관리하였고 결국 좋은 열매를 얻을 수 있었습니다. '1그램의 행동이 1톤의 생각보다 위대하다'란 말을 몸소 보여준 친구였습니다. 저희 또한 타협하지 않고 정직한 길을 가기 위해 노력하고 실천 중입니다.

다섯째, 리더십 파워. 저는 지금 학교 밖에서 외주를 하고 있는데 후배 동생들 3명과 함께 살고 있습니다. 제가 지금 4학년 2학기라 비교적 시간이 많습니다. 그래서 어떻게 동생들을 섬길까 생각하다가 설거지와 빨래와 청소를 시작하여 저의 오전 시간은 청소로 보냅니다. 뒤에서 섬기는 리더십, 제가 항상 동경해왔고 바라던 리더십이었는데 이렇게 행동으로 실천하니 그 누구보다도 행복합니다. 제가 먼저 섬기니 주말에는 동생들이 저를 섬겨줍니다. 어느새 저는 동생들을 섬김으로 리드하고 있었던 건 아닐까요.

여섯째, 바디 파워. 저희 집은 지금 하루에 한 번 해독주스를 마십니다. 또한 저희 집 공동체의 과제가 있는데 매일 30분씩 운동하기입니다. 좋은 머리, 좋은 마음이 아무리 커도 체력이 뒷받침해주지 않는다면 모두 무용지물이라는 것을 알기에 그 누구보다도 관리하려고 노력합니다. 저희는 오랫동안 건강하게 많은 사람들을 섬겨야 하니까요.

자녀를 빛나게 하는 디톡스교육

일곱 번째, 스피리추얼 파워. 미래를 정하면서 가장 염두에 두는 것이 '하나님께 어떻게 영광을 돌릴 수 있을까'입니다. 나의 만족과 성공보다는 그분이 기뻐하시는 것이 제 삶의 목적이기 때문입니다. '나는 오천 명을 먹이는 사람이 될 것인가, 오천 명분을 혼자 먹는 사람이 될 것인가?' 저는 제가 못 먹더라도 오천 명을 먹이는 사람이 될 것입니다. 상상만 해도 즐겁고 행복합니다. 나중에 제가 죽음 앞에 섰을 때 무서워하는 것이 아니라 그분을 만날 수 있다는 행복감에 아마 환호성을 치지 않을까요. 저는 저의 죽음이 기대됩니다.

'The good shepherd lays down his life for the sheep.'

저는 아직도 만방에서 배운 영향력을 발휘하며 살아가고 있습니다. 이제는 그 영향력을 가르치는 목자가 되고 싶습니다."

이제는 목자가 되고 싶다는 제자의 마지막 고백이 가슴을 촉촉이 적신다. 미래에 대한 불확실성이 커지고 있는 이때야말로 성경적 파워 인재들이 필요한 시대이다. AI가 우리의 고급 일자리를 빼앗을 것이라고 아우성인 이 시대에 그리스도인들이 그들에게 올바른 길을 제시해야 하는 것이 아닌가!

[성경적 인재가 갖는 세븐파워]

첫째, 네트워크 파워 - 소통과 인간관계의 능력
교사와 학생 간의 관계, 친구 관계, 부모와 자녀 간의 관계 등 이러한 '관계'가 제대로 정립될 때 아이들은 행복감을 느낀다. 이를 가진다면 행복한 가정생활, 학교생활, 사회생활이 가능하다.

둘째, 멘탈 파워 – 성공적인 인생에 매우 중요한 정신적 자신감

성공한 사람들을 보면 스펙이 아니라 멘탈 파워로 성공했다는 사실을 알 수 있다. 멘탈 파워의 기초는 긍정적인 사고 능력이다.

셋째, 브레인 파워 – 자기주도학습의 토대

무조건적인 암기식 공부가 아니라 생각하는 힘, 자기표현의 힘을 길러 주고 창의력이 넘치는 두뇌를 갖도록 한다.

넷째, 모럴 파워 – 정직할수록 경쟁력이 높아지는 시대

성취뿐만 아니라 과정도 중요시하는 미래 사회에서는 도덕적 능력을 높여야 사회로부터 존경받는 인재가 될 수 있다. 진정한 경쟁력은 모럴 파워에서 나온다.

다섯째, 리더십 파워 –자기 조절 능력의 '셀프 리더십'을 기반으로 성장하는 리더

21세기를 살아가는 아이들은 이제 다중 문화적(multi-cultural)이고 글로벌(global)한 시각을 가지고 서번트(servant) 리더십을 갖춰야 한다. 셀프 리더십에서 시작해 공동체에 유익을 주는 리더십으로 발전시키고, 결국 사회와 나라와 세계에 영향을 미치는 글로벌 리더

자녀를 빛나게 하는 디톡스교육

로 성장해야 한다.

여섯째, 바디 파워 – 음식 조절 능력을 보면 그 사람의 미래를 볼 수 있다!

먹는 것과 운동하는 것 역시 두뇌에 큰 영향을 미친다. 정크푸드를 좋아하면 '정크 인생'이 된다. 운동하기 싫어하면 생산적인 인생을 꿈꿀 수 없다. 리더들이 왜 오래 사는가? 바디 파워가 강력하기 때문이다.

일곱째, 스피리추얼 파워 – 죽음을 공부하면 행복한 삶을 살고 있는지 자신을 되돌아볼 수 있는 힘이 생긴다!

물질적인 것만이 아닌 인생 전체를 바라보며 가치 있고 의미 있는 삶을 살려고 할 때 진정 사람답게 살 수 있다.

7장
4차 산업혁명 시대에 더욱 빛나는 파워 인재

세상을 거스르는 교육

우리나라 교육의 종착역은 좀 심하게 말하면 대학입시라 할 수 있다. 모두들 명문대에 입학해 남들이 부러워하는 직장을 잡아 물질적인 행복을 누리는 안락한 삶을 꿈꾼다. 물론 이런 생각을 비난하고 싶지는 않다. 자기 자녀가 그렇게 되기를 바라지 않는 부모는 거의 없을 것이다. 그러나 이것이 잘못된 길이라면 그 길로 가서는 안 된다. '이건 아닌데…' 하며 할 수 없이 끌려간다면 얼마나 안타까운 일인가. 그래서 우리는 세상이 가는 길과 다르게 가기로 하였다. 명문 대학을 목표로 잡지 않고 그 너머를 보았다. 입학한 첫해에 사람의 변화에 엄청난 에너지를 쏟았다. 그 덕분인지 아이러니하게도 교육의 성공 스토리를 강의할 때가 많아졌다. 학교를 찾아오는 손님과 단체들도 줄을 잇는다.

한 학생의 아빠도 만방의 차별화된 교육에 매료되어 딸을 보내기에 이르렀다. 그는 현직 교사이기 때문에 한국 교육에 대한 한계를 너무나 잘 알고 있었다. 그가 학교를 방문하였을 때 선생님들에게 이렇게 소감을 전하였다.

"글로벌 무한 경쟁시대에 세상에 선한 영향력을 발휘하는 사람을 기르겠다는 목표를 가진, 세상 물정(?) 모르는 학교의 기적을 봅니다. 선한 영향력을 발휘해야 하니 오로지 성적과 입시에 초점을 맞춘 학생들에 비해 엄청나게 할 일이 많습니다. 딸의 학교생활을 보니 학과 공부를 열심히 하는 것은 기본 중의 기본이더군요. 삶의 목표나 비전을 확립해야 하고, 날마다 감사해야 하고, 양로원 방문 등 사회봉사를 해야 합니다. 이뿐만이 아닙니다. 건강한 식생활, 모두가 어울리고 부대끼며 함께하는 기숙사 생활, 장학재단 활동, 예배 활동, 자치 활동, 동아리 활동 등 좋은 것들은 다 해야겠다고 표방하는데 그런 일들이 자율적이면서도 상당히 내실 있게 이루어지니 그저 놀랍고 신기할 따름입니다."

그는 딸을 만방학교에 보낸 이후로 주변 사람들로부터 딸의 표정이 많이 밝아졌다는 이야기를 제일 많이 들었다고 한다. 그는 기쁨에 차서 딸의 변한 모습을 이야기해주었다.

"딸의 표정에 제가 부러워하던 만방학교 학생들의 광채가 조금은 담

자녀를 빛나게 하는 디톡스교육

겨진 듯도 하여 매우 기뻤습니다. 성적에 대한 부담을 떨쳐내니 자기가 제일 바라던 일도 그리 어렵지 않아졌나 봅니다. 스스로 일찍 일어나 공부하고 숙제도 하는 자발적이고 적극적인 아이로 변한 모습에 감사합니다. 또한 운동도 열심히 하고 첼로도 연습하면서 몸과 마음을 건강하게 유지하는 모습이 좋고, 무엇보다도 이 모든 것을 스스로 판단하고 관리하며 생활한다는 점에 감사합니다. 늘 어린 줄만 알았는데 방장으로서 동생들을 잘 챙겨서 지난 방학 때에는 같은 방 동생에게 '엄마같이 잘해줘서 고맙다'는 편지를 받기도 했답니다."

이전에는 보지 못했던 딸의 모습에 자랑스러워하던 아빠의 마지막 말에서 솟구치려고 하는 기쁨의 눈물을 참으려는 모습이 역력했다. 딸아이가 엄마 같은 서번트 리더십의 소유자가 되었다는 말이, 듣는 나에게도 무척 감동적이었다. 그는 온 가정이 디톡스교육의 수혜자가 된 것에 고마워하며 다음과 같이 마무리 지었다.

"만방학교의 디톡스교육은 자녀를 양육하면서 부모들이 범할 수 있는 잘못이나 학생들의 일탈 행동을 교정하여 가족이 회복되고 학생이 성장, 발전하는 기회를 제공합니다. 특히나 변화의 폭이 큰 청소년기에 좋은 교육 환경 속에서 자랄 수 있도록 학생들을 이끌어주시는 선생님들께 감사드리고, 아이를 이곳으로 인도하시고 모든 것을 예비해주시는 하나님을 찬양합니다."

누가 내일을 잡고 있는가

취업문이 좁을수록 사교육과 스펙 올리기에 열을 올리게 된다. 그것만이 무한 경쟁에서 남들을 이길 수 있는 길이라고 생각하기 때문이다. 크리스천도 여기서 예외가 될 수 없다. 그러나 우리가 사는 목적은 살아남기 위해서 공부하고 직장을 갖거나 사업을 하는 것이 아니다. 살아남게 해달라고 신앙생활하는 것은 더욱 아니다. 예수님도 분명히 말씀하셨다. 들풀도 돌보시는데 하물며 하나님의 이미지대로 창조된 인간을 그냥 내버려 두겠느냐고. 그러므로 아무리 불확실해 보여도 내일에 대해 걱정할 필요가 없다. 물론 기도 제목은 있겠지만 말이다. 그 기도 제목도 생존을 위한 몸부림의 기도여서는 안 된다.

> 그러므로 내일 일을 위하여 염려하지 말라 내일 일은 내일이 염려할 것이요 한날의 괴로움은 그날로 족하니라 (마태복음 6:34)

여기서 교회생활을 오래하신 분들에게 옛날의 관성을 발견하곤 한다. 심지어 대예배 시간에 이 성경구절을 읽을 때도 제대로 보지 않고 '내일 일은 내일 염려할 것이요'라고 읽는다. 개역개정 이전의 번역판인 개역판에는 그렇게 번역되어 있었으니, 오래전에 머리에 박혀 있는 대로 읽게 되는 것이다. 조사가 하나 있고 없고에 따라 우리의 신앙생활에 엄청난 역할을 미치게 되는 성경말씀이다. '내일 일은 내일'이라고 하는 것은 우리가 걱정할 것이 있지만 내일 것까지 끌어당겨서 걱정하

자녀를 빛나게 하는 디톡스교육

지 말라는 뜻이다. 이것이 우리의 신앙생활에 어느 정도 긍정적인 영향을 준다는 것을 부인하지는 않는다. 하지만 염려하는 주체가 내가 되는 것이 문제이다. 왜? 예수님은 그러한 의미로 말씀하지 않으셨기 때문이다. '내일 일은 내일이 염려할 것이요'에서 주어는 '나' 혹은 '너'가 아니라 바로 '내일'이다. 즉 내일에 대한 염려는 내일이 스스로 알아서 해준다는 것이다. 영어 번역을 보자.

"Tomorrow will worry about itself."

예수님이 이렇게까지 강력하게 말씀하셨는데도 우리는 말씀과 현실을 분리시켜 살아갈 때가 얼마나 많은가. 내일이라는 단어는 나에게 매우 특별하게 다가온다. 내가 스탠퍼드대학교에 있을 때 한 미국 친구가 나에게 이런 말을 한 적이 있었다.

"I don't know what tomorrow holds, but I surely know who holds tomorrow."

'내일'이 무엇을 잡고 있는지 모르지만, 누가 '내일'을 잡고 있는지 확실히 알고 있다는 그의 말이 내 마음에 불을 당겼다. 그때 마침 나는 인생의 30대를 온전히 떼어 놓아 주님께 드려야겠다는 생각을 가진 채, 고민이 사라지지 않았던 시기였다. 그 친구의 말이 나에게 하나님의 음성으로 들리는 순간이었다. 그렇다. 내일은 불확실하고 무엇을 먹고 살아야 할지 생존만을 생각하다 보면 기세가 꺾일 수밖에 없다. 그래서 예수님이 말씀하셨나 보다. 내일 일은 우리의 소관이 아니라고 말이다. 내일은 알아서 내일이 염려할 것이라는 예수님의 말씀은 나로 하여금 생존의 두려움에서 뛰쳐나와 새로운 세계로의 도전과 돌파의 멘탈을 주었다. 그러면서 미국 친구가 한마디 덧붙인 그 말은 평생 잊지 못한다.

"We are valuable because of whose we are. We belong to God who holds tomorrow."

"우리가 가치 있는 이유는 우리가 '누구인가' 때문이 아니라 '누구의 소유인가' 때문이다. 우리는 내일을 잡고 계신 하나님께 속하였다"라고 하는 그의 말은 내 갈등에 종지부를 찍어주었다. 20여 년이 훨씬 지난 지금도 그때를 회상하며 나의 제자들에게 마태복음 6장을 가지고 종종 설교를 하곤 한다. 내가 깨달은 삶의 지배원리가 무엇인지 너무나 소중하기 때문이다. 학생들에게 이렇게 말하며 강력한 멘탈 파워를 주문할 때가 있다.

"공부하는 목적은 좋은 직장에 빨대를 꽂기 위한 것이 아니다. 하나님의 사람은 깃발을 꽂아야 한다."

우리가 학교를 다니는 것은 공부를 통하여 빨대가 아닌 깃발을 준비해나가는 과정이다. 그래서 살아남기의 고수가 아니라, 믿음의 깃발로 돌파하고 세상 사람들에게 선한 영향력을 발휘하며 세상을 리드하는 사람이 되어야 한다. 세상을 좇는 자는 세상에 비굴해지지만, 하나님을 좇는 자는 세상의 빛이 되는 것이다.

너희가 전에는 어둠이더니 이제는 주 안에서 빛이라 빛의 자녀들
처럼 행하라 (에베소서 5:8)

4차 산업혁명 시대와 성경적 파워 인재

요즈음 전 세계적으로 회자되는 말들이 있다. 4차 산업혁명, 알파고
같은 AI(인공지능) 등등. 그러면서 한국의 교육을 진단하는 사람들도 많
다. 한국의 주입식, 스펙 위주의 교육은 더 이상 파워를 발휘할 수가 없
다고 말이다. AI 시대에 없어질 직업군을 보면 현재까지 선망의 대상
이 되는 직업들이 많기 때문에 충격은 더욱 크다. 사라질 직업들 가운
데 의사, 회계사, 변호사 등이 1순위에 올라 있을 정도니 말이다. 기존
의 유망 직종은 앞으로 AI에게 모두 **빼앗겨** 할 일 없는 암기형 인재들
이 거리를 배회할 것이라고 예측한다. AI를 이길 수 있는 실력은 암기
력이 아니라 창의력과 협동력, 공감정신, 도전정신, 개척정신 등등 모
든 선한 능력들이다. 디모데후서 3장 16, 17절의 성경적 파워 인재야말
로 AI 시대를 리드하게 된다. 이제 한국 교회가 깨어나 다음 세대를 향
하여 깃발을 세우고 대한민국을 살릴 책임감과 사명감을 가져야 하지
않을까. 감히 말하지만 디톡스 & 임파워링 교육이 한국 교회와 사회에
주는 영향력은 적지 않을 것이라 확신한다.

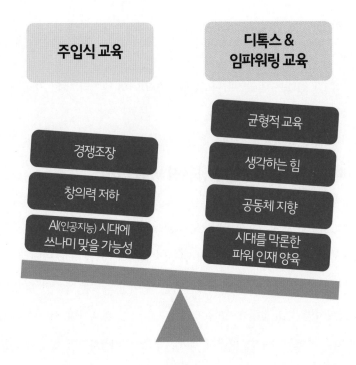

예일대학 싱가포르 캠퍼스(Yale-NUS College)에서 공부중인 한 제자로 부터 편지를 받았다. 편지를 읽는 내내 성경의 가르침대로 이기는 삶을 사는 그의 모습에 얼마나 흐뭇하던지…. 그는 빨대 인생이 아닌 깃발 인생의 파워 인재가 되어 있었다.

선생님들께

모두 다 잘 지내시죠?

저는 이번 주에 첫 중간고사를 잘 마치고 Recess Week 기간을 시작했 어요. 잠시 뒤돌아보니 나누고 싶은 신기한 경험들과 간증들이 많았던

자녀를 빛나게 하는 디톡스교육

반 학기였던 거 같아서 이렇게 메일을 쓰게 되었어요. 처음에 대학에 왔을 때는 많이 힘들었던 것 같아요. 저는 제가 영어를 나름 잘한다고 생각하고 왔는데, 원어민들과 토론하고 경쟁하려니 부족한 면이 많이 보였어요.

그런데 제가 만방에서 배웠던 '사람은 누구나 성장할 수 있다'라는 단순한 진리를 기억하며 부족한 만큼 더 열심히 살아가자는 마음가짐으로 학업적으로는 최선의 결과를 이뤄내고 있는 것 같아요. 전통적인 강의 형식이 아닌 스스로 공부하고 세미나 형식으로 계속해서 토론하는 이곳에서 제 가치관을 지켜내며 하나님의 사람으로서 목소리를 내는 법을 배우고 있어요. 그렇게 열심히 살다 보니 하나님께서 좋은 기회들을 정말 많이 주셨어요. 현재는 교육 스타트업에서 기회를 받아 교육 인프라 디렉터로 일하고 있고, 선거에 이겨 저희 학년 대표가 되기도 했어요.

스타트업에서는 만방에서 생각했던 '진짜 교육'의 의미에 대해서 설파하고 있고, Student Government에서는 울고 있는 사람과 함께 울고, 웃고 있는 사람과 함께 웃을 수 있는 방법에 대하여 고민하고 있어요. 선거 캠페인을 하다 보니 왜 정치인들이 자신의 의견대로 살아갈 수 없는지도 조금은 알 것 같더라고요. 실제로 자국 정부에서 일했던 친구들이 제 캠페인을 맡다 보니 친구들로부터 제 프로필에 있는 기독교적 상징들을 지우는 게 좋겠다는 권고를 몇 번이나 받았어요. 하지만 제가 선거에 나간 이유는 하나님의 목소리와 예수님의 성품을 나타내기 위한 것이기 때문에 제가 내린 답은 분명했습니다. 그렇게 해서 선거에 이기느니 하나님과 함께해서 선거에서 지는 게 낫겠다는 마음을 가질 수 있도록 하나님께서 도와주시더라고요. 정말 다이내믹했지만 결국 Class Representative에 선발되었고, 이제 잠시 있을 방학 동안 어떤 Class Rep이 될 수 있을지 고민해보는 시간을 보내려고 해요.

이제 졸업반 동생들이 대학입시 준비를 시작하는 것을 생각하면 얼마나 마음고생이 심할지 마음으로 느껴져요. 하지만 하나 확실하게 말해줄 수 있는 것은 동생들이 받고 있는 교육은 정말 특별하고 소중한 교육이라는 것, 그리고 어느 곳에 가서도 만방에서 배운 대로만 살면 Survive 이상의 Thrive를 해낼 수 있다는 것을 말해주고 싶어요.

저를 다른 사람으로 만들어주신 만방 선생님들께 다시 한 번 감사드립니다. 언제가 될지 모르겠지만, 꼭 다시 만방을 방문해서 느끼게 될 감격을 기대하고 있어요. :) 다시 만날 그날까지 마음 모아 기도하겠습니다.

사랑합니다!

Part 2를 나가기 전에

---

1. 다음의 파워 인재들을 연구해봅시다. 자녀와 함께 각 인물들에 대한 토론 시간을 가져보시기 바랍니다.
   예) 요셉, 여호수아, 갈렙, 다윗, 에스더, 느헤미야, 사도 바울

2. 세상의 유행에 따라 '스펙'을 위한 공부는 자녀를 웃게 할 수 없습니다. 행복한 공부의 조건들을 다섯 가지만 적어보십시오. 아직 실천하지 않은 내용이 있다면 어떻게 실천할 것인지 실천계획을 세워 즉시 실행해보시기 바랍니다.

3. 핀란드 아이들과 한국의 아이들, 그들이 받는 교육방식의 차이가 무엇인지 서점에서 적당한 책을 하나 구입해서 연구해보시기 바랍니다. 행복과 실력 두 마리 토끼를 다 잡을 수 있는 방법이 있습니다.

Availability first, ability second.
Then God will increase your capability.

PART 3

치맛바람,
제대로 불어야

8장
자녀를 위해 먼저
부모의 독을 디톡스하라

성적이 아닌, 내면을 읽어라

"만방학교에 오니 제일 좋은 것은 엄마의 잔소리를 안 들어도 되는 것이고, 다음으로는 잠을 충분히 잘 수 있는 거라고 합니다. 자현이는 한국에서 학원에 갔다가 밤 10시 반에 집에 와서 새벽 1시까지 숙제를 하곤 했습니다. 엄마의 관리가 워낙 철저하고 심지어 일기까지 보면서 아이의 글쓰기 실력을 확인했거든요. 그래서 자현이는 아직도 글을 쓰는 게 두렵다고 하네요."

자현이와 상담을 나눈 목장 선생님의 상담 일지이다. 여기에서 어떤 문제를 발견했는가? 먼저 자현이 부모의 자녀교육 방법에 주의를 기울

일 필요가 있다. 한국에서는 지극히 자연스런 현상이겠지만 만방학교에서는 그렇지 않다. 강압이 아니라 자발적 동기를 심어주어 스스로 공부해나가도록 지도하기 때문이다. 일단 잘못된 교육법을 주시하며, 계속해서 자현이의 부모를 관찰해보기로 했다. 아이의 말만 듣고 부모를 판단할 수는 없지 않은가.

두 번째 학기가 시작되었다. 중국어와 영어가 급격히 어려워지면서 성적은 첫 학기에 비해 만족스럽지 않았다. 이윽고 이전과는 조금 달라진 자현이의 모습이 선생님의 눈에 들어왔고, 자현이와 즉시 상담하기로 했다.

"최근 자현이의 표정이 밝지 않아서 무슨 걱정이 있는지 물었습니다. 최선을 다해 위클리 테스트를 보았지만 배우는 내용이 어려워 점수가 잘 나오지 않아 속상하고, 이러한 상황을 잘 모르는 부모님이 점수만 보고 판단하실까 봐 걱정이 된다고 하더군요. 자현이는 공부를 잘해야 된다는 부담감이 커지고 공부가 즐겁지 않은 이유를 기대치가 높은 엄마 때문이라고 생각하고 있었습니다."

성적이 떨어지면 대부분의 선생님이 그 내면을 보려는 시도보다는 '지난번에 비해 점수가 많이 안 좋으니 분발하라'고 말하곤 한다. 상담이라기보다는 일방적 훈계에 지나지 않는 것이다. 지금 누구보다 괴로운 사람은 중요한 시험을 망친 아이 자신이므로 무조건적인 비난도, 말뿐인 격려도 그들의 귀엔 들리지 않는다. 그들에게 필요한 건 자신의

자녀를 빛나게 하는 디톡스교육

내면을 함께 이해하고 공감해주는 조력자가 아닐까. 목장 선생님은 자현이가 엄마와 갈등관계에 있으며, 엄마가 계속하여 성적에 집착하고 있다는 사실을 발견했다.

"자현이에게 공부라는 도구로 최고가 되고 싶은 욕심을 내고 있지는 않은지, 남들에게 인정받고 싶은 욕심은 없는지 스스로 생각해보라고 조언해주었습니다. 공부를 통해 사람들에게 인정받으려 하는 태도는 부모님과 선생님, 친구들이 주는 사랑을 바로 알지 못하는 모습이며 자신의 가치를 낮추는 태도임을 알려주었지요. 아울러 자신의 부족한 모습을 부모님 때문이라는 핑계로 감추는 것 또한 옳지 않다는 점을 짚어주면서, 앞으로 자현이가 바른 목적과 태도로 학업에 임할 수 있도록 격려하였습니다."

자신의 내면을 마주하게 된 자현이는 위클리 라이프를 통해 엄마에게 조심스럽게 자신의 마음을 전했다.

"엄마 아빠, 저 자현이에요. 이번 주 내내 전화할 때마다 제가 신경질 부리고 짜증내서 많이 화나고 속상하셨죠? 진짜 죄송해요. 안 그래도 공부 때문에 스트레스를 받고 있는데 계속 공부 이야기만 물어보시니까 귀찮기도 하고 화도 나서 그랬어요. 선생님과도 계속 이야기하고 친구들한테도 물어보면서 저 나름대로 노력하고 있는데 말이에요.

이번 주에는 선생님과 상담하면서 깨달은 것이 진짜 많았어요. 선생님과 이야기를 하다 보니 제 안에 있는 '인정받기 위해 노력하는 모습들'이 보이기 시작하더라고요. 항상 이것에 짓눌려 살다 보니 마음 편히 웃을 수도 없었던 것 같아요. 특히 시험을 볼 때도 아침 일찍 일어나 공부하고 노력한 과정보다는 그저 성적이라는 결과만을 바라보며 걱정도 많이 했어요. 완벽한 사람으로 보이고 싶다는 생각이 컸나 봐요. 그래서 공부에 더 많은 스트레스를 받았고, 엄마와 전화할 때도 제 노력을 몰라주는 게 서러워 더욱 짜증부리고 화를 냈던 것 같아요.

엄마! 이제부터는 보이기 위한 공부가 아닌 저 자신을 위한 공부를 해보려고요. 남들의 시선과 생각에 대한 것도 모두 내려놓고 말이에요. 그러다 보면 점수가 훨씬 떨어질 수도 있겠지만 진정한 공부는 진짜 나를 위해 하는 것이라고 생각해요. 그러니까 엄마도 너무 점수에만 신경 쓰지 말고 제 성장을 위해서 '멀리서 바라보는 사랑'을 해주셨으면 좋겠어요. 지금 당장은 떨어지는 성적 때문에 불안하시더라도 조금만 참고 기다려주세요.

처음 가는 길이라 더 힘들고 때론 흔들릴 수도 있겠지만 그만큼 제가 배우고 얻는 것이 많지 않을까요?"

인정받기 위한 공부, 타인에게 보이기 위한 공부는 결국 심한 스트레스로 인한 짜증 폭발로 이어진다. 강박증에 시달리는 청소년들을 우리 주변에서 흔히 볼 수 있는 이유도 여기에 있다. 때로는 바라만 보는 사랑이 필요한 법이다. 자현이에게는 그것이 필요했다.

자녀를 빛나게 하는 디톡스교육

성적에 집착

강박관념 : 부모를 만족시켜야 함

공부의 동기 : 남들에게 보여주기 위함

완벽주의

자현이의 진단 결과

보여지기 위한 공부, 그 무거움

목장 선생님은 자현이의 마음을 위로하며 달래줄 필요성을 느꼈다. 이를 위해 왜 공부해야 하는지, 공부의 진정한 의미를 기초부터 다져야 했다. 나를 위한 공부도 아니요, 부모를 위한 공부도 아닌 나를 통해 쓰실 하나님을 기대하며 공부해야 하는 이유를 차근차근 이야기했다. 상담을 마치고 자현이는 무엇을 깨달았을까? 아이의 눈과 마음을 빌어 보이기 위한 공부의 무거움을 전한다. 그의 감상문을 읽어보자.

상담을 마치고...

이번 상담은 나에게 정말 소중한 시간이었다.

지금까지 내 마음속에는 '다른 사람의 시선'이라는 부담의 돌덩이가 항상 자리잡고 있었다. 늘 완벽하고 빈틈없는 나로 보여지길 원했고 건전한 공부의 의미를 알지 못했다. 하지만 이것이 7~8년이라는 꽤 긴 시간동안 계속 되다보니 이런 생각이 당연한 것이라고 내 스스로에게 합리화시켰고 내 속에 무거운 돌덩이가 있다는 사실에도 무덤덤 해져만 갔다. 그래서 행복한 순간에도 진짜 마음 놓고 웃을 수가 없었다. 선생님께서 이것에 관해 말씀 하실 때 정말 많이 놀랐다. 아무도 모를거라고 생각했는데 지금 내 모습을 다 들켜버린 것 같아서 말이다. 부모님께는 '공부 잘 하는 착한 딸' 선생님들께는 '공부 잘 하는 성실한 학생' 친구들에게는 '완벽하고 멋있는 친구'로 보여지기 위해 속으로만 끙끙거리고 혼자 아파하던 내 모습이 생각 나서 눈물이 나기 시작했다. 그게 다른 사람 때문에, 점수 때문에 이렇게 잘못된 방향으로 생각하고, 공부했나 하는 마음에 말이다.

하지만 이제라도 깨달아 너무나 감사하다. 앞으로 졸업까지는 내년이라는 시간이 남았고 지금까지 살아 온 날보다는 앞으로 살아갈 날이 훨씬 길다. 지금도 늦지 않았다는 뜻일 거다. 또 여태까지 나에게 이러한 충고를 해주는 사람이 아무도 없었는데 이렇게 말씀해 주시는 선생님이 계셔서 감사하다. 가면을 벗고 다시 진짜 나로 보여지는 게 힘들고 어렵고 지칠 때도 분명 있을 것이다. 하지만 절대 포기하고는 놓지 않다. 선생님께서 말씀해주신 것처럼 지금의 책임감을 가지고 지금처럼 열심히. 그러나 공부의 이유와 목적, 대상을 바꿔서 공부해야겠다. 하나님 한분만을 위해서. 하나님께서는 어떠한 모습의

자현이의 상담 소감문

부모의 독, 불안과 욕심을 디톡스하라

자현이는 다방면으로 성장을 거듭하고 있었지만 여전히 아이의 발목을 잡고 있는 한 가지가 있었다. 자현이를 더욱 성장하지 못하도록 만드는 것, 바로 성적에 대한 과도한 염려와 걱정이었다. 자현이의 성적 강박증은 어디에서 왔을까?

범인(?)은 바로 그녀의 엄마였다. 엄마의 기대를 충족하기 위해 보이는 공부를 해왔던 자현이는 이것이 자신이 가진 마음의 독이었음을 발견했다. 상담을 거듭하며 그녀는 공부의 목적과 이유를 완전히 바꾸기로 결심한다. 자현이가 의지를 불태우며 결단을 내렸지만 그녀의 엄마는 어땠을까?

엄마는 여전히 딸의 성적에 지대한 관심을 가지고 있었다. 대화의 주제는 오로지 성적이었다. 엄마의 완벽주의의 독을 어떻게 해독할 수 있을까, 그것이 문제였다.

성적에 대한 집착
과도한 욕심
자녀에게 부담 주기
불안
조급증
비교 심리

자현이 부모의 독

선생님들은 머리를 맞대어 아이디어를 내기 시작했고, 오랜 궁리 끝에 결론이 내려졌다. 자현이의 위클리 테스트 성적을 주간 통신문에 포함시키지 않기로 한 것이다. 점수를 보면 점수에 예민해지게 될 수밖에 없기 때문에 일정기간 동안 점수를 볼 수 있는 기회를 아예 차단시키기로 했다. 전화 상담을 통해 이러한 학교의 결정을 자현이 엄마에게 통보하였다.

"그동안 어머니께서 너무 점수에 민감하게 반응하셔서 자현이가 많이 힘들어하고 있습니다. 자현이의 위클리 라이프를 보면서 부모님의 점수에 대한 과도한 집착이 자현이를 힘들게 하고 있음을 파악할 수 있었습니다. 이 부분에 대해서 어머니도 아시고 심각하게 여기셔야 합니다. 오죽하면 자현이가 '멀리서 지켜보는 사랑'을 바란다고 표현했을까요. 그래서 앞으로는 주간 통신문에 자현이의 점수를 내보내지 않으려고 합니다. 지금 자현이에게 중요한 것은 공부를 즐겁게 할 수 있는 마음의 여유와 안정이 아닐까요? 자현이는 잘하고 있으니 너무 걱정하지 마시고 점수 외에 다른 대화를 나눠보시기 바랍니다."

자현이 엄마가 얼마나 기가 막혔을까? 20여 년 이상 아이들을 가르치고 있는 현직 교사의 자존심을 완전히 뭉개버린 꼴이 되었으니 말이다. 그녀의 기분이 어땠을지 상상이 가지 않는가. 한 학기가 지난 후, 자현이 엄마에게 그간의 심경을 담은 편지가 한 통 도착했다.

"엄마인 제가 교사다 보니 자현이는 초등학교를 다니는 6년 동안 대부분의 시간을 늘 저와 함께하였습니다. 직장생활을 하는 엄마 입장에서는 편안하고 안정된 여건에서 아이를 양육할 수 있어 좋았습니다. 그러나 아이의 입장에서 생각해보면 많은 선생님들의 관심과 사랑을 받는 등 혜택도 있었겠지만, 잠시도 엄마의 눈을 피해 딴짓(?)을 할 수 없는 엄마의 통제권 아래에 있다는 데 불만이 있을 법도 합니다. 심지어 아이가 얘기하지 않아도 교실에서 있었던 시시콜콜한 일들까지 이미 알고 있을 정도였으니까요. 방과 후에는 엄마가 담임으로 있는 교실에 와서 짜인 일과표대로 지내다가 엄마의 퇴근 시간에 맞춰 함께 집에 가는 생활을 6년이나 계속해왔습니다.

아이와 같은 학교에서 근무하다 보니 내 아이가 다른 아이들보다 뒤떨어져서는 안 되겠다는 욕심이 생겼고 공부나 숙제, 일기까지 꼼꼼히 챙겨가며 제가 정한 틀에 아이를 맞추려 했습니다. 초등학교 기간 동안에는 그럭저럭 순조롭다고 생각했지요. 문제는 중학교에 진학한 이후부터였습니다. 지금까지 해오던 대로 아이를 관리하려는 엄마와 거기서 스트레스를 받는 아이와의 갈등으로 잦은 마찰이 생겨 서로 힘들어지기 시작하였습니다."

다툼이 잦아지자 무언가 큰 변화가 있어야겠다는 생각이 들었고, 여러 가지 해결책을 모색하던 중 그녀는 동생의 소개로 만방학교를 알게 되었다. 그러나 하나뿐인 딸아이를 멀리 타지로 보내야 했기에 좀 더 신중을 기했다. 교장 선생님이 쓴 책도 읽어보고 입학 설명회에도 참석하고 주변의 재학생도 만나보면서 자현이를 교육하기에 최적의 장소라는 확신을 갖게 되었다. 그러나 문제는 여전했다. 자현이를 떠나보내고

난 뒤에도 성적에 대한 그녀의 집착은 계속됐고, 급기야 학교 측에서 경고(?)를 받는 지경에 이른 것이다. 처음 이 소식을 접했을 때 그녀의 심정을 들어보자.

"학생들을 지도하다 보면 간혹 '우리 아이도 이랬으면 좋겠다' 싶을 정도로 탐나는 모범적인 아이들을 만나게 됩니다. 교직 경력이 쌓일수록 그런 학생들이 늘어나면서 내 아이가 다른 아이들보다 뛰어났으면 좋겠다는 욕심이 커졌습니다. 학생들의 우열을 판단하는 객관적 기준이 성적일 수밖에 없다 보니 자연스레 자현이의 시험 성적에 강한 집착을 보이게 된 것 같습니다. 아이를 만방학교에 보내고 나서 성적에 더욱 조바심을 내게 되었고, 마침내 학교로부터 성적을 발송하지 않겠다는 통보까지 받는 지경에 이르렀지요. 교직 경력 20년 교사로서 황당하고 기가 막혀 헛웃음이 나기도 했습니다. 멀리 떨어져 있는 아이가 걱정되고 궁금한 마음에 홈페이지에 자주 들어가 본 일이 뭐가 그리 잘못된 것이기에 홈페이지 방문 횟수까지 체크하면서 학부모의 알 권리인 성적까지 발송하지 않겠다고 하는지, 처음에는 도무지 납득이 되지 않았습니다. 하지만 성적에 대한 이야기가 줄어들자 자현이와의 전화 통화가 편안해지기 시작했고, 부담감을 떨쳐낸 자현이는 한결 밝고 행복하게 학교생활을 할 수 있었습니다. 그 일을 계기로 학부모로서 또 교사로서 우리 아이의 올바른 성장과 발전은 물론, 더 나아가 바람직하고 가치 있는 삶의 문제로 관점을 바꾸어 생각해볼 수 있었습니다."

그녀는 성적에서 한 발짝 물러나는 경험을 통해 자식의 성공이라는 편협한 가치에 매몰되어 중심을 잃고 살아가던 자신을 되돌아볼 수 있었고, 겸허히 반성하며 마음의 평안을 회복할 수 있는 값진 기회였다고 고백했다.

"우리 아이가 만방학교에서 몸과 마음이 건강해지고 세상에 선한 영향력을 끼칠 수 있는 자기만의 비전을 찾으려고 열심히 노력하고 있는데 그보다 더 귀한 성취가 뭐가 있을까, 또 그렇게 자라게 하려고 만방학교를 선택하지 않았나, 선생님들께서 사랑과 헌신으로 지도해주시니 늘 감사한 마음으로 기도하자. 이렇게 욕심을 내려놓으니 본래의 목적을 되찾을 수 있었습니다."

자현이가 가지고 있었던 글쓰기에 대한 지나친 두려움 역시 성적과 마찬가지의 문제였다. 꼼꼼하고 야무진 학생들을 보면 일기나 글쓰기 실력에 또한 감탄을 자아낸다. 깔끔한 글씨와 자연스러운 내용 전개, 자기만의 생각과 감정이 적재적소에 알알이 박혀 있기 때문이다. 자현이의 엄마는 교사로서 이런 아이들을 자주 보면서 자기도 모르게 글쓰기 능력의 하한선이 여기에 맞춰지게 되었다고 했다. 그러니 엄마는 불만족스럽고 아이는 점차 자신감을 잃어갈 수밖에. 자현이가 글을 잘 쓰려고 고민할수록 건조하고 판에 박힌 내용을 몇 줄 적는 데에서 더 나아가지 못하게 된 것도 이 때문이다.

자신감을 잃은 아이가 글쓰기 자체에 두려움을 갖게 되면서 악순환이 이어졌다. 극심한 거부 반응을 보이는 자현이를 위해 먼저 글쓰기에 대한 두려움을 없애줄 필요가 있었다.

"만방학교에서는 매주 부모님께 편지쓰기는 물론이고 여러 가지 소감문, 감상문 등을 손 글씨로 쓰도록 지도해주시더군요. 글을 많이 써야 하는 환경에서 생활하다 보니 오래지 않아 거부감도 많이 사라졌고, 어느새 자신의 생각을 담아서 나름 조리 있게 글을 쓰고 있는 아이를 발견하게 되었습니다. 시행착오를 거치더라도 스스로 도전하고 발전할 수 있도록 기다리고 격려하는 만방학교의 글쓰기 교육 방법을 적극 지지합니다. 불안하고 조급한 마음에 항상 남과 비교하고 성공의 지름길을 찾아내려 했던 제 모습이 부끄러워지네요. 부모의 과도한 욕심은 오히려 자녀와 부모 모두에게 해로울 수 있음을 명심해야겠다고 생각했습니다."

교사이자 학부모로서 뼈아픈 시행착오를 겪으며, 그녀는 부모의 역할에 대해 다시금 생각해보게 되었다. 자신과 같은 시행착오를 겪고 있는 모든 학부모에게 그녀가 가슴 뜨거운 위로의 말을 건넨다.

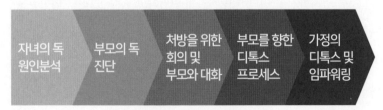

부모를 향한 디톡스 프로세스

자녀를 빛나게 하는 디톡스교육

"자현이를 만방학교에 보낸 지 3년째로 들어선 요즘, 불과 얼마 전 제 모습처럼 자녀에게 조바심 내고 불안해하는 학부모들을 만나 상담을 할 때면 세븐파워교육과 디톡스교육의 모델인 만방학교의 학부모로서 얻은 경험과 교훈을 자연스럽게 조언해주고 있습니다. '시험 점수를 공부의 목표로 두지 말고 아이가 스스로 성장할 수 있는 기회를 주세요'라고 말합니다. 아이가 기쁨을 느낄 수 있도록 한 걸음 떨어져서 도와주는 것이 진정한 부모의 역할임을 항상 가슴에 새겼으면 좋겠습니다."

많은 이들을 들뜨게 하는 봄날의 라일락 향기는 가까이에서는 잘 느껴지지 않는다. 어느 날 멀리서 불어오는 봄바람이 코끝을 스치며 맑은 향기를 전해줄 때, 그 바람을 따라 행복이 가슴 한편을 물들이며 슬며시 웃음이 날 때 비로소 봄이 왔음을 실감한다. 이처럼 설렘 가득한 라일락 향기는 올바른 교육과 닮아 있다. 올바른 교육은 가깝거나 멀거나 그 거리를 가리지 않고 향기로움을 발하며 시간이 지날수록 향기가 더해지리라.

9장
사교육 1번지도
해결해줄 수 없는 것

"학교, 학원이 끝날 시간이면 삼삼오오 모여 지나가는 교복 입은 여학생들의 웃음소리만 들어도 눈물이 핑 돌았던 게 엊그제 같은데, 벌써 이렇게 시간이 흘렀군요. 만방학교 덕분에 한국의 여느 부모와는 달리 여유 있는 시간을 보내고 있습니다. 하율이가 대치동에 있었다면 저는 아마 명문대 입학을 위한 학습 매니저 역할을 하고 있거나, 아이에게 미안한 마음에 직장생활을 하느냐 마느냐를 고민하며 전전긍긍하고 있었을 거예요."

사교육 1번지라고 불리는 대치동에 살았던 하율이 부모는 치열했던 대치동 생활을 다시금 떠올렸다. 왜 그녀가 아이의 학습 매니저를 자처해야만 했을까?

대치동 엄마들의 보이지 않는 원칙 중의 하나가 '맞벌이 엄마와는 함께 움직이지 말라'는 것이다. 대치동 엄마들 사이에서는 아무리 아이가 똑똑해도 엄마의 헌신적인 뒷바라지가 어렵다면 그들이 차려 놓은 밥상에 숟가락 얹기밖에 안 된다는 공통된 의견이 자리하고 있다. 맞벌이 엄마를 꺼려하고 끼워주지 않으려 하는 이유도 이 때문이다. 그러니 엄마들이 직장생활을 계속 해야 할지 말지를 심각하게 고민할 수밖에 없지 않을까.

그런데 하율이 부모는 조금 다른 선택을 했다. 교육열로는 둘째가라면 서러운 대치동에서 '사교육 1번지 우등생' 자리를 때려치웠으니 말이다. 그들은 당시 담임 선생님이 하율이에게 한 말을 아직도 또렷이 기억하고 있었다. "너의 선택은 인생 최악의 선택이 될 거야!"

"엄마인 저는 직장생활을 하면서 입시 뒷바라지에서 벗어나 자유를 만끽하고 있고, 우리가 품고 있을 때보다 하율이가 훨씬 멋진 아이로 성장하는 모습을 보면서 그때의 선택이 옳았음을 다시금 확인하게 됩니다."

이쯤에서 대치동에서의 하율이의 생활을 돌아볼 필요가 있다. 그 당시 하율이는 이미 특목고와 명문대 진학을 위한 입시 전쟁에 돌입했다고 해도 과언이 아니었다. 학교를 마치고 집에 오면 혼자 대충 저녁을 챙겨 먹고 다시 학원으로 향한다. 늦은 시간 돌아와서 잠시 숨을 돌리고는 그날그날 감당해야 할 학교, 학원 숙제로 밤 12시를 넘기는 게 다

자녀를 빛나게 하는 디톡스교육

반사였다.

대치동에서는 학원과 학생과 부모가 치열한 전쟁을 치러야 한다. 주말이면 주말 특강으로, 중간·기말고사 기간에는 시험 대비로 1년 365일이 빈틈없이 짜여 있다. 이런 생활 패턴은 성적이 우수하든 우수하지 않든 상관이 없다. 모두가 똑같이 한 방향을 향해 달려갈 뿐이다. '이건 아닌데' 하면서도 부모도 아이도 특별한 대안이 없기는 마찬가지다. 어느새 명문대 합격을 바라며 출세를 원하고 사회의 엘리트 지식인으로 살아가는 것이 목표가 되어 일사불란하게 움직인다. 이것이 언론에서 보이는 대치동 교육특구, 사교육 1번지의 민낯이다.

대치동 교육을 직접 겪은 하율이는 어떤 변화를 느꼈을까? 하율이의 생각이 궁금해졌다.

"한국에서는 공부가 오직 1등을 위한, 명문대 진학을 위한 공부였다면 만방학교에서의 공부는 깊이 있고 스스로 학습법을 찾아가는 창의적인 교육이라 재미있어요."

아직 어린 하율이도 한국 교육의 실태를 정확히 꿰뚫고 있었다. 올바른 교육에 대해 눈을 감고 귀를 닫은 것은 오히려 어른들이 아닐까. 한국 교육과는 다른 만방학교의 교육은 하율이의 아빠에게도 깊은 인상을 남겼다.

"학원이 아닌 자기주도학습, 영어와 중국어 등 실생활에서 사용되는 실제적인 외국어 교육, 고학년이 되어도 여유 있게 즐길 수 있는 독서와 동아리 활동, 봉사, 합창 등으로 바쁜 하루 일과를 보내면서 하율이가 그리움을 느낄 새 없이 행복한 학교생활을 하고 있어 신기할 뿐입니다. 특히 매주 부모님께 쓰는 편지인 '위클리 라이프'는 읽을 때마다 미소 짓게 만들고 눈물짓게 하죠. 한 주를 지내면서 힘들고 어려웠던 일, 즐겁고 행복했던 일, 그 안에서 느꼈던 숱한 감정들을 담은 편지가 고스란히 우리 손에 쥐어지면 하율이의 학교생활을 함께 느낄 수 있지요. 편지는 항상 '엄마 아빠 사랑해요'와 '감사해요'라는 말로 끝맺곤 하는데요, 진정성이 담겨 있는 그 말에 감사와 행복이 밀려옵니다. 하율이가 대치동에 머물렀다면 절대로 느껴볼 수 없는 행복감이죠. 최고로 잘한 결정이 뭔지 아세요? 바로 하율이의 선택을 밀어주기로 한 결정이에요."

그러나 아무리 한국에서 뛰어났다 할지라도 만방학교에 오면 누구나 성장통을 거치기 마련이다. 무엇보다 하율이는 한국 교육이 낳은 결과 위주의 사고방식에서 벗어나야 했다.

대치동식 공부 vs 만방식 교육

"하율이는 만방학교에 먼저 온 아이들보다 발표력이 떨어집니다. 생각보다 소극적입니다. 자신감이 없고 지나치게 남을 의식합니다."

교과목 선생님들은 한목소리로 하율이가 학습 능력은 좋은데 자기 의견을 사람들 앞에 내놓는 데에는 약하다고 이야기했다. 주입식 교육에 익숙했기 때문이다. 나도 미국에서 공부할 때 교수가 질문이 있냐고 물으면 혹시 나에게 물을까 봐 고개를 숙이던 적이 한두 번이 아니다. 질문이나 토론을 하라고 하면 왜 그리 머리가 하얘지는지….

이와 관련하여 아주 유명한 에피소드가 있는데, 2010년 한국에서 G20 정상회의가 열렸을 때의 일이다. 폐막하는 날, 오바마가 한국 기자들에게 질문할 기회를 주겠다고 했다.

"한국 기자들에게 질문권을 드리고 싶군요. 훌륭한 개최국 역할을 해주셨으니까요."

순간 좌중은 조용해졌고 침묵이 흘렀다. 다시 오바마가 물었다.

"누구 없나요?"

다시 정적만이 흘렀다. 하다못해 통역이 필요해서 그런가 싶은 마음에 그는 한마디 덧붙였다.

"한국어로 질문하면 아마 통역이 필요할 겁니다. 사실 통역이 꼭 필요할 겁니다."

그럼에도 기자들은 질문은 하지 않은 채 그저 웃고만 있었다. 그때 한 기자가 일어났다.

"실망시켜 죄송하지만 저는 중국 기자입니다. 제가 아시아를 대표해서 질문해도 될까요?"

이 말을 듣고 오바마는 난색을 표했다.

"하지만 공정하게 말해서 저는 한국 기자에게 질문을 요청했어요. 그래서 제 생각에는…,"

그럼에도 불구하고 질문하는 한국 기자들은 없었다. 당연히 질문권은 중국 기자인 루이청강에게로 돌아갔다.

주입식 공부에 물든 사람은 대체로 질문하지 않는다. 그저 주는 것을 받아먹고 외우면 그만이다. 하율이가 처음 만방학교에 와서 힘들어 했던 부분이 바로 공부 방식이었다. 한국에서는 뭔가 노트에 받아 적으면서 선생님의 말을 듣고 암기해야만 공부를 했다고 느꼈으니 왠지 모르게 찜찜하지 않겠는가. 입학 후 3개월이 지난 어느 날, 상담을 하며 하율이에게 2주 동안 숙제를 하나 내주었다.

'기회를 얻든 못 얻든 항상 질문하며 발표할 것을 준비하고, 친구들에게 자신의 생각을 어떻게 표현하고 있는지 되돌아보며 구체적으로 정리해보기.'

숙제를 받은 하율이의 황당해하던 표정이 아직도 생생하다. 숙제를 하면서 하율이는 그동안 자신의 가치가 공부에 의해서 높아지고 낮아졌음을 깨닫게 되었다. 몇 점을 받고 몇 등을 하는지가 자신의 존재를 알려주는 척도인 것처럼 몰아가는 한국 교육의 폐해가 드러나는 순간이었다. 그러나 공부에 얽매인 채 자신의 가치를 묶어 놓은 족쇄들을 푸는 과정은 쉽지 않았다.

"대치동에서는 거의 모든 학생들, 심지어 초등학교 저학년 학생들마저도 하루에 학원을 종류별로 4~5개씩 다니고 집에 와서는 또 숙제를 해요. 그렇게 밤 12시를 넘기는 게 당연한 생활이라고 여기고 있어요. 이런 생활 패턴과 교육에 대한 과도한 열정이 하버드대 학생들마저도 놀라게 만들었다고 하니, 그냥 열심히 공부하는 것 이상이라는 점을 알 수 있

자녀를 빛나게 하는 디톡스교육

을 거예요. 점수 1~2점, 등수 1~2등에 신경을 쓰느라 마음을 놓을 새가 없었죠. 타인의 기대를 실망시키지 않기 위해, 또 남들 눈에 잘하는 아이처럼 보이기 위해 공부하는 듯한 느낌을 받을 때도 적지 않았어요. 잘하고 있어도 '잘하다가 갑자기 못하면 남들이 이상하게 보겠지?'라는 생각에 힘들어했고, '저 언니보다 공부를 잘해야 하는데'와 같은 생각에 자꾸만 조급해졌어요. 이렇게 목적 없이 의무감에 공부를 하느라 청소년기에 배우고 경험해야 할 삶에서의 진짜 공부에 대해서는 신경 쓰지 못하는 제 자신을 보면서 '이건 아니야'라는 생각이 더욱 강해졌어요."

하율이는 변화하기로 결심했다. 선생님들의 도움을 받아 열등감, 비교의식 등 전에는 몰랐던 자신의 약점들을 하나씩 드러내기 시작한 것이다. 가장 먼저 드러난 변화는 공부하는 목적의 전환이었다. 공부의 목적이 타인의 눈에 잘 보이고 인정받기 위해서가 아니라, 하나님의 일에 쓰임 받을 도구가 되기 위해서임을 깨달을 수 있었다. 하율이는 하나님의 자녀라는 명분을 가진 우리가 삶의 가치를 점수에 두는 것이 얼마나 가슴 아프고 아까운 일인지를 느끼고 나니 공부를 즐길 수 있게 되었다고 고백했다.

"지금의 저는, 공부를 나에게 주어진 기회이자 '더 나은 나'로 만들 수 있는 도구라고 생각해요. 생각을 바꾸니 감사한 마음으로 공부할 수 있게 된 것 같아요."

하율이의 마지막 말이 와 닿는다. 무엇이든 필요하면 스스로 하게 되어 있다. 공부도 마찬가지다. 공부의 목적을 아는 사람에게는 '공부하라'는 말이 필요가 없다.

마음의 여유가 생기자 그녀는 지금 하고 있는 공부가 한국과는 다르다는 사실을 눈치채기 시작했다. 만방학교에서 하는 공부는 뭔가 달랐다. 자유롭고 즐겁게 공부하는 분위기를 보며 처음에는 만방학교의 교육에 의심이 들기도 했지만 불안도 잠시, 그녀는 곧 공부의 참맛을 느낄 수 있었다.

"선생님들과 함께 소통하면서 점차 공부에 흥미가 생겼어요. 선생님은 시간관리와 자기계발 등 자기주도적으로 공부하는 방법을 가르쳐주셨고, 그 과정에서 내가 스스로 배우고 있다는 자신감을 얻을 수 있었습니다. 한국과는 달리 선생님들이 직접적으로 관리하지 않아서 공부를 해야 하는 목적을 스스로 찾아야만 주도적으로 공부할 수 있었어요. 항상 수동적으로 공부했던 제게는 어색하고 뭔가 안 맞는 것처럼 느껴지기도 했지만 차차 익숙해지면서 자기주도학습 시스템이 훨씬 더 강력하고 효과적이라는 점을 깨달았어요."

하율이는 학생들에게 진짜로 필요한 공부 시스템이, 모든 아이들에게 자리잡기를 진심으로 바랐다. 대치동에서의 생활이 얼마나 힘들었는지를 생생히 느끼게 하는 한마디가 아닐까. 도대체 누구를 위한 교육인지 고민해볼 일이다.

자녀를 빛나게 하는 디톡스교육

"현재 나는 동생들에게, 후배들에게 공부가 무엇인지 당당하게 이야기하는 자리에 서게 되었다. 지금의 나는 나와 비슷하게 공부에 대한 압박으로 인해 삶에서 더욱 소중한 것들을 바라보지 못하는 친구들, 공부를 해야 하는 목적이 불분명해 방황하는 친구들이 공부에 대한 잘못된 가치관들을 고쳐나가는 데에 도움을 주고 있다. 이러한 나의 경험과 변화는 나누어도 아깝지 않다고 생각한다. 하루빨리 더 많은 학생들이 진짜 공부가 무엇인지 발견하여 세상과 당당히 맞설 수 있기를 바라는 마음이다."

열등감
비교의식
시선의식
낮은 자존감
신앙 부족

하율이의 독

왜 한국의 아이들은 비교의식과 소심함 등에서 벗어나지 못할까? 남들과 비교하여 우월해야 한다면 절대로 틀리면 안 된다고 생각하기 때문에 앞에 나서는 데 소극적일 수밖에 없는 것이다. 결국 완벽주의라는 독으로 인해 삶이 불행해지는 셈이다.

　나는 학생에게 등급을 매기는 것은 진짜 아니라고 본다. 먹는 한우도 아닌데 등급이 웬 말인가. 그러니 아이들의 내면에 비교의식과 시선의식의 독이 쌓여만 가는 것이 아니겠는가. 한국에서 하루속히 없어져야 할 교육 제도는 등급을 매기고 학생들을 줄 세우는 평가 제도이다.

성장을 멈출 수 없다

　하율이가 입학한 후 3년이 지난 어느 날, 하율이의 부모님은 하율이에게서 감사 편지를 받게 되었다.

　"절 낳아주셔서 정말정말 감사합니다. 그리고 너무나 예쁘게 교육시켜주셔서 감사하고요. 제가 좋은 성품을 갖고 살아갈 수 있고, 하루하루가 이렇게 즐거운 것은 다 부모님의 수고와 사랑 때문이 아닌가 싶어요.

　오늘 저는 너무나 행복해요. 새로운 지혜를 얻고 제가 변화하는 것을 느끼고, 내가 누군가에게 롤모델이 되기도 하고 동역자가 되기도 하고, 무엇보다 친구들이 너무나 사랑스럽더라고요.

　엄마, 아빠! 만방에 온 것이 저에게는 그 어떤 것보다 큰 축복이고 감사예요. 이번 학기 들어서 그것을 더 느끼고 있고요. 너무 큰 감동 안에서 살고 있답니다."

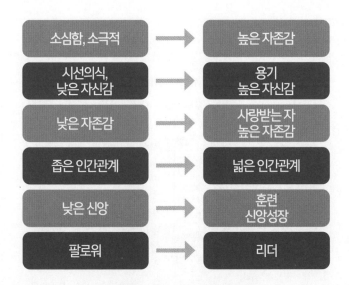

하율이의 디톡스를 통한 파워업

하율이는 모든 방면에서 성장을 거듭하고 있다. 그의 위클리 라이프
에서도 스스로를 그렇게 묘사하고 있는데, 어느 순간 하율이는 선한 영
향력을 지닌 파워 인재가 되어 있었다. 하율이를 보면 나다니엘 호손의
단편소설『큰 바위 얼굴』이 생각난다.

WEEKLY LIFE

이번 주는 설교 말씀과 매우 비슷한 메세지를 받았다.
바로 '변화된 나'이다. 오늘 위클리에는 나의 변화를 써보려고 한다.

BEFORE	AFTER
1. 소심하고 소극적이였다. 상처를 쉽게 받았다. → 아마 내가 내 스스로를 믿지 않았기 때문이지 않았을까...	1. 작은 일 때문에 내가 힘들어 하는 것은 나란 존재임을 깨닫고 다시 일어설 수 있는 회복탄력성 높아졌다.
2. 남들의 시선과 앞에 나서서 하는 것이 두려웠다. 즉, 자신감이 없었다. → 시선의식, 믿음 부족	2. 남들의 시선 때문에 나의 생각을 막지 않을 수 있는 용기가 생겼고, 나도 할 수 있다는 나 스스로에 대한 믿음이 생겼다
3. 내가 항상 부족하다고 느끼고 열등감 때문에 스스로를 깎아내렸다. → @에 대한 믿음 부족 ㄴ하나의 걸작품인 나를 내가 싫어했으니... 비교의식, 다음을 신뢰하지 못하는 마음. 조급함	3. 나 자체만으로도 너무 사랑스럽고 나의 실력과 장점을 인정하고 내가 되는 것이 무엇인지 알게 되었다.
4. 좋은 인간관계를 가졌고 사람에게 다가가는 것이 어색했다.	4. 남들에게 날 표현하고 다가가면 더 넓은 인간관계를 갖게 되었다 (여유로워진 삶이다...)
5. QT, 감사일기는 귀찮은 존재였고 습관화 되지 않아 내 삶에 항상 별로고 부족했다.	5. 하나님을 말씀을 통해 알아가고 흔들림 없이 삶의 중심을 잡아가서 훈련이 되어가고 있다.
※BEFORE도 상세히 쓴 이유는 과거를 봐야 구체적인 성장을 볼 수 있기 때문이예요.	6. 교육컨설턴트(?)라는 새로운 비전이 생겨서 열심히 달려나가고 있다.

너무나도 많은 변화가 있었고 이것들은 나에게 너무나 중요한 영향력이
되었다. 항상 이 변화를 기대하며 감사하며 나아가고 싶다☺

하율이의 Weekly Life

10장
치맛바람이
불어야 할 곳

당신은 어떤 엄마인가

2월 14일이 무슨 날인지 아는가? 밸런타인데이다. 하지만 우리에게는 이와는 또 다른 의미로 중요한 날이기도 하다. 바로 안중근 의사가 사형 선고를 받은 날이다. 그가 사형을 선고받았다는 소식을 들은 어머니 조마리아 여사는 아들에게 편지를 쓴다.

"네가 만약 늙은 어미보다 먼저 죽은 것을 불효라 생각한다면 이 어미는 웃음거리가 될 것이다. 너의 죽음은 너 한 사람 것이 아니라 조선인 전체의 공분을 짊어지고 있는 것이다.

네가 항소를 한다면 그것은 일제에 목숨을 구걸하는 짓이다. 네가 나라를 위해 이에 이른즉 딴 맘먹지 말고 죽으라. 옳은 일을 하고 받은 형이니 비겁하게 삶을 구걸하지 말고 대의에 죽는 것이 어미에 대한 효도이다.

아마도 이 편지가 이 어미가 너에게 쓰는 마지막 편지가 될 것이다. 여기에 너의 수의를 지어 보내니 이 옷을 입고 가거라. 어미는 현세에서 너와 재회하기를 기대치 않으니 다음 세상에는 반드시 선량한 천부의 아들이 되어 이 세상에 나오너라."

– 조마리아 여사, 아들 안중근에게 보내는 마지막 편지 中

만방학교는 하얼빈에 있고, 하얼빈에는 안중근 의사 기념관이 있다. 중국 정부는 하얼빈 구역사를 안중근 의사 기념관으로 만들어 일반에 공개하고 있는데, 언젠가 그곳을 찾았을 때 벽에 걸려 있는 안중근 의사 어머니의 편지를 보았다. 편지를 읽는 순간 가슴이 뭉클해지며 눈물이 핑 돌았다. 얼른 눈물을 훔치며 '내가 만약 안중근 의사의 엄마라면 이런 편지를 쓸 수 있었을까' 생각해보았다. 그 이후 만방학교 신입생들은 역사의 현장을 꼭 방문하여 이 편지를 가슴에 새긴다.

자녀를 빛나게 하는 디톡스교육

조국의 독립과 동양의 평화를 위해 한몸 바친 안중근 의사, 그의 뒤에는 어머니 조마리아 여사가 있었다. 교육자로서 아들 안중근의 어머니 조마리아 여사의 교육관에 주목하지 않을 수 없다. 아들의 수의를 지으면서 얼마나 많은 눈물을 흘렸을까. 어머니의 눈물을 곱씹으며 예수님의 겟세마네 기도를 떠올려 본다. 예수님께서 눈물방울이 핏방울이 되도록 우셨듯이, 그녀의 눈물은 조국의 독립을 염원한 피눈물이었다. 아들 안중근은 어머니의 '눈물의 수의'를 입고 하늘나라로 간 것이다.

한편 우리 아이들의 엄마들은 어떠할까? 그저 옆집 엄마를 따라 아이들을 이 학원 저 학원으로 뺑뺑이 돌리고 있진 않은가? 그렇다면 당신은 두더지와 무엇이 다르겠는가. 열심히 땅을 파지만 어디로 가는지 그 방향을 도통 알지 못하는 가엾은 두더지, 분명 아이가 진정으로 원하는 '엄마'의 모습은 아닐 것이다.

학생들이 조마리아 여사를 연구하고 발표한 글을 소개한다. 당신은 어떤 엄마이고 싶은가, 선택은 당신의 몫이다.

"이렇듯 위대한 사람의 뒤에는 모든 고통을 감내하며 절대 흔들리지 않는 든든한 버팀목이 되었던 위대한 어머니가 있다. 하지만 현시대 우리 어머니들은 무엇을 위해 살아가고 있는가? 자녀의 성공을 위해 '학습 매니저'로 살아가야 하는 상황에 내몰리고 있지는 않은가. 맹목적인 치맛바람에 휩쓸려 어느새 역사 교육과 나라사랑 교육은 뒷전이다. 진짜 치맛바람이 불어야 할 곳은 어디인지 고민해볼 일이다. 조마리아 여사로부터 뭔가 배워야 하지 않을까. 이제 자녀의 물질적 성공이 아닌 정신적 성공에 교육 신념을 두어야 하지 않을까. 이것이 우리를 위해 순국하신 모든 열사들에 대한 최소한의 보답이며, 마땅히 해야 할 본분이다. 다시 한 번 묻는다. '당신은 2월 14일을 어떤 날로 기억하는가?'"

자식이 우상인가

"이런 엄마로 인하여 대한민국의 교육이 무너지고 청소년들이 불행한 거예요!"

어느 강연회에 갔을 때의 일이다. 앞에 앉은 한 부인에게 질문을 던졌다. 그녀는 자녀의 명문대 입학을 위해 지나치게 간섭하고 관리하던 엄마였다. 대답을 듣고 답답한 나머지 직설적으로 그녀의 속을 헤집어 놓는 말을 던져버리고 말았다. 그런데 그녀가 아들 기영이를 만방학교에 입학시켰다. 몇 학기가 지난 후 기영이의 부모를 만났고, 자연스럽게 처음 만났을 때를 회상하며 이야기를 나누게 되었다.

"그날 집으로 돌아와 남편에게 최 박사님 욕을 억수로 해댔어요. 그래도 억울함이 안 풀려서 밤잠을 설치고 말았지요."

"하하하, 그땐 정말 미안했어요. 하지만 기영이가 만방학교에서 얼마나 잘 자라고 있는지 몰라요. 사실 제 욕을 하면서도 기영이를 보내신 이유가 궁금했어요."

그날 그녀의 붉어진 얼굴을 마주한 나로서는 정말로 궁금했는데 그녀는 눈을 반짝이며 이렇게 대답했다.

"그날 밤, 하도 속이 상해 하나님께 하소연했지요. 내가 그렇게 나쁜 엄마였냐고 말이에요. 사실 기영이는 다른 사람의 지배를 받는 것을 힘들어하는 아이였어요. 어릴 때부터 독립심이 강한 아이였지만 불안한 마음에 주변의 다른 엄마들처럼 자식을 소위 '학교-집-학원'으로 뺑뺑이를 돌리며 철저히 관리했어요. 결국 기영이는 반항하기 시작했지요."

"아, 그렇군요. 제가 본 기영이는 자기주도형이지 지배받는 타입은 전혀 아니에요."

그동안 주의 깊게 관찰해온 내가 보기에도 기영이는 자기주도학습 습관이 몸에 밴 아이였다. 기영이의 반항은 어찌 보면 당연한 결과인 셈이다. 그녀는 그때의 일이 참 재미있는 추억인 것처럼 특유의 경상도 억양을 섞어가며 속사포로 말을 이어나갔다.

"그때 최 박사님의 벼락같은 호통이 없었다면 아직도 깨닫지 못하고 있었을지도 몰라요. 다음 날 새벽에 문득 이런 생각이 들더라고요. '저 양반이 저렇게 당당하게 말하는 것을 보면 분명 만방학교에 뭔가 있지 않을까.' 남편을 출근시키고 인터넷 검색을 하며 만방학교에 대해 본격적으로 알아보기 시작했어요. 기영이에게도 검색해보라고 했고요. 엄마인 제가 결정해서 보내고 싶지는 않았거든요. 며칠 지나지 않아 기영이가 만방학교에 보내달라고 하더라고요. 사실 '아이가 가겠다고 하면 하나님 뜻으로 알고 보내겠습니다'라고 기도했었거든요. 그래서 기영이가 직접 선택하도록 했는데 아이 역시 너무 가고 싶어 해서 의외로 쉽게 입학을 결정할 수 있었어요."

기영이는 만방학교에서 무엇을 본 것일까? 그가 학교를 선택한 이유가 궁금해졌다.

"첫째는 엄마로부터 더 이상 억압받지 않아도 되고, 둘째는 학생들이 무척 밝고 환해 보여서 끌렸대요. 어쩌면 자신도 그 아이들처럼 웃음을 되찾을 수 있지 않을까 기대가 되었다고 하네요. 자녀교육에서 최고로 잘한 결정이 기영이를 만방학교에 보낸 거예요."

만방학교 입학 후 시간이 지나면서 기영이와 부모와의 갈등은 자연스럽게 해소되었다. 기영이는 만방학교의 세븐파워교육을 잘 따라와 주었고, 중국 최고의 명문대인 청화대학에 합격했다. 자녀에 대한 부모의 과도한 집착은 결국 불신에서 오는 것이다. 사랑이라는 이름으로 집착하기 전에 자녀를 그리고 하나님의 쓰임을 믿어 보면 어떨까. 믿음은 결코 배신하지 않는다.

부모가 변하면 자녀가 변한다. 자녀가 좀 더 행복하게 공부할 수 있도록 우리는 부모가 지켜야 할 'To Do' 리스트를 만들었다.

[만방학교에서 부모가 해야 할 To Do List]

● 학교를 전적으로 신뢰하고 지지한다.
● 학교와 부모가 하나되어 자녀의 변화와 성장에 협력한다.
● 학부모 필독서를 읽고 반드시 감상문을 제출한다.
● 방학에는 가정에서 부모가 교사가 되어 주간통신문을 학교에 보낸다.
● 자기 자식만이 아닌 만방의 학생들 모두를 자녀라고 여기며, 부모도 공동체 정신을 갖도록 한다.

자녀를 빛나게 하는 디톡스교육

- 교사에 대한 존경심을 갖는다. 교사를 함부로 대할 때 그 자녀는 타협 없이 전학 권고시킨다.
- 자녀의 성적 집착은 결국 우상 숭배와 같기 때문에 이런 가치관을 철저히 배격한다.

만방의 학부모가 되려면 자녀를 학교에만 보내 놓고, '학비 냈으니 학교에서 알아서 해주겠지' 하면 안 된다. 학교에서 요구하는 숙제들을 철저히 완수해야 한다. 한 아이를 교육시키려면 한 마을이 필요하다고 한다. 그만큼 여러 사람의 노력과 협력이 요구된다는 것이다.

교육, 뭣이 중헌디?

나에게는 외동딸이 있다. 눈에 넣어도 아프지 않을 만큼 사랑스러운 딸이다. 물론 딸에게 직접 말로 표현해본 적은 없으니, 나도 어쩔 수 없는 아버지인가 보다. 딸아이가 만 다섯 살 때 미국에서 초등학교를 다니다가 머나먼 중국으로 왔다. 무려 서른 시간 동안 기차를 타고 이동하면서 딸이 했던 말이 아직도 귓가에 생생하다.

"엄마, 아빠! 정말 꿈같아."

영화에서나 볼 법한 장면들이 눈앞에 펼쳐지니 아이는 모든 것이 신기하게만 느껴졌을 것이다.

딸아이는 중국에서 초등학교를, 미국에서 중·고등학교 졸업 후 대학교를 다니다가 다시 중국에 와서 대학교를 졸업했고, 자연스럽게 3개국어를 원어민처럼 하기에 이르렀다. 그리고 미국에서 자란 한국인 의사 청년과 결혼했는데 결혼 후 4년이 되는 해 어느 봄날, 이상한 소식이 들려왔다.

"우리도 엄마, 아빠와 같이 하나님의 일에 헌신하기로 했습니다. 그래서 의사를 때려치우기로 했어요."

'이 무슨 청천벽력 같은 소리란 말인가?'라고 반응하는 것이 지극히 정상이겠지만 나와 아내는 이상하게도 기뻤다. 세상에 의사는 많다. 돈만을 벌기 위해 의사가 된다면 세상에 그런 개고생이 어디 있는가? 물론 아내와 자식들에겐 편하디 편한 세상이겠지만 우리는 그렇게 살라고 가르치지 않았다. 의사라는 직업이 나쁘다는 말이 아니다. 사람의 생명을 살리고 고통받는 사람들을 돕는 것은 정말이지 매우 숭고한 일이다. 그럼에도 그들은 캘리포니아에서 교육학으로 유명한 월터 교수에게 교육학을 배우고, 삶의 터전이었던 미국을 떠났다. 다음 세대를 위해 가르치는 사역에 온 마음과 몸을 던지겠다는 다짐을 하면서.

딸 은혜가 어느 추수감사절에 아빠인 나에게 전해준 편지를 지금도 가지고 있다. 그 편지를 소개한다.

To. 아빠

사실 전부터 아빠한테 감사하다는 편지를 쓰고 싶었는데 이제야 추수감사절 절기를 빌려 이렇게 감사하다는 표현을 합니다.

요즘은요, 하나님께서 나를 위해 완벽하게 계획해 놓으셨다는 것을 느낍니다. 나를 왜 여러 나라로 인도하셨는지 이해를 못했었고, 짬뽕 문

자녀를 빛나게 하는 디톡스교육

화(?)가 되어버린 나 자신을 보며 소속감이 없다며 원망해보기도 했습니다. 그러나 이제 정말 가슴으로 고백할 수 있습니다. 감사하다고….

한국에서 오래 살지도 않았는데 한국말을 이 정도 하게 하심에 우선 얼마나 감사한지 모릅니다. 만약 내가 한국어를 못했다면 엄마, 아빠와 언어가 다르기 때문에 교제하며 바른 교육을 받는 데에 어려움이 있었을 것이고 보통 미국에서 자란 2세들처럼 부모님과는 안 통한다는 이유로 벽이 생겼을지도 모르니까요. 그러나 제가 애써서 한국말을 배우려 한 것도 아닌데 자연스럽게 터득하게 해주심에 얼마나 감사한지요. 한국말을 하는 것에 있어선 사실 부모님과 더 깊은 교제를 허락하심에 가장 감사합니다.

(중략)

또 중국에서 5년 넘게 살면서 하나님이 나를 분명히 중국에서 쓰시려고 그 어릴 때부터 준비시키신 거라는 걸 깨달았습니다. 그리고 중국에 있으면서 엄마, 아빠가 언니, 오빠들을 위해 삶을 바친 모습을 보며 저 또한 여러 사람과 나누는 법을 자연스럽게 배웠고 사랑을 가르침이 아니라 자연스럽게 보고 배울 수 있었습니다. 내가 잘난 것은 하나도 없습니다. 하나님께서 저에게 복의 복을 더하사 이 모든 걸 주셨고, 앞으로 나를 어떻게 쓰시려고 내가 그렇게 어렸을 때부터 이 많은 것을 부어주신 걸까 기대를 해봅니다. 나에게 부어주신 이 복들이 엄마 아빠의 믿음, 순종, 헌신 그리고 기도 없이는, '먼저 그 나라와 의'를 구함 없이는 더해지지 못했을 것입니다.

(중략)

한 민족을 바라보며 한 나라를 위해 기도하고, 세상의 귀한 영혼 하나하나를 위해 헌신하고 하나님의 말씀에 순종하는 부모님을 주심에 너무나도 감사를 드립니다. 또한 한 영혼 한 영혼을 사랑으로 품는 마음을 허락하신 은혜가 넘치는 저희 집안을 하나님께 감사합니다.

– 딸 은혜 올림

하나님의 나라, 하나님의 의를 먼저 구하는 우리 가정이 자랑스럽다는 딸의 고백에 부끄럽지 않은 아빠가 되어야겠다고 다시 한 번 다짐한다.

자녀를 빛나게 하는 디톡스교육

Part 3을 나가기 전에

1. 부모로서 자신의 내면을 바라보며 어떤 독들이 있는지 발견하고 열거해보십시오. Part 3에서 소개한 어머니들을 생각하며 바람직한 엄마상을 이미지화 해보시기 바랍니다.

2. 아래에 언급한 인물들 가문의 자녀교육관을 연구, 비교하고 공통점을 정리해보십시오. 물질적 가치관에 입각하기보다는 정신적 가치관을 강조하는 것을 발견합니다. 성경을 참고하여 신앙인이자 사회인으로서 자녀교육의 10원칙을 만들어보십시오.

   톨스토이, 러셀, 록펠러, 발렌베리,
   경주 최부잣집, 유한양행 창립자 유한일박사

3. 위대한 자녀에게는 위대한 부모님이 있습니다. 칼 비테의 자녀교육 관련 도서를 한번 읽어보십시오. 독일의 어느 시골 목사였던 그는 자녀를 위한 디톡스 환경을 조성하며 임파워링을 실천했던 사람입니다.

The best inheritance parents can leave
his children is a good example.

More than
More than a Te
More than a

PART 4

살 곳이냐,
죽을 곳이냐

11장
대입시험을
예배로 드려라

"빨간색 안경을 쓴 열 세 살의 나, 창준이 만방학교에 처음 들어온 날을 결코 잊을 수 없다. 나는 다른 친구들보다 한 달 늦게 들어왔기 때문에 여러 가지로 부담이 되었다. 하지만 첫날부터 선생님들과 친구들의 사랑에 흠뻑 빠졌다. 그날이 마침 목장 선생님과 친구들과 외식하는 날이었는데 도착하자마자 처음 보는 선생님과 친구들과 저녁을 먹으러 시내로 나가 말로만 듣던 중국 식당에서 식사를 했다. 아직까지도 기억에 남는 중국에서의 첫 식사였다. 만방학교에 오기 전부터 '친구들을 어떻게 새로 사귀지?' 하며 고민이 많았는데, 친구들과 함께 식사를 하면서 불과 30분도 되지 않아서 친해졌다. 신입생이었던 나에게 모든 재학생들이 먼저 친절하게 다가와준 덕분에 하루빨리 만방 공동체에 스며들 수 있었다.

어린 나이에 가족들과 떨어져 외국에서 지내게 되었지만, 나에게는 가족과 같은 선생님들, 형, 누나, 동생이 있었기에 외롭지 않았다. 중학교 1학년으로 거의 막내였던 나에게 형, 누나들은 차고 넘치는 사랑을 베풀어주었다. 나는 태어나서 이렇게 착한 형들을 본 적이 없다. 한국에서 형이라고 하면 왠지 무서운 선배, 욕설과 폭력을 서슴지 않는 그런 존재였다. 그런데 만방학교에서의 형은 나이 차이가 많이 나는데도 함께 놀아주고, 언제든지 도움이 필요하면 도와주는 '친형' 같은 존재였다. 울산 출신인 나는 사투리가 심하고 욕하는 습관도 가지고 있었는데, 형과 누나들이 나의 잘못된 습관들을 비롯해 한국에서부터 가지고 있었던 잘못된 생각과 행동들을 바꿔나갈 수 있도록 도와주었다.

세상에 이런 학교가 또 어디 있을까? 하루하루가 즐거웠고, 만방학교에 오게 된 것이 감사하게 느껴졌다. 친구 관계, 선후배 관계, 선생님과의 관계, 게임에 대한 유혹 등에 있어서는 하나도 고민할 것이 없었다. 오로지 공부에만 집중할 수 있는 곳이라고나 할까. 특히 만방학교에서 공부하는 게 한국에서와는 비교할 수도 없이 좋았다. 그야말로 딱 내 스타일이었다. 누구도 경쟁에 목매거나 부추기지 않았고, 성적이 좋지 않다고 학생을 때리는 일도 없었기 때문이다. 오히려 선생님들은 중국어를 한마디도 못하는 나에게 친절하게 일대일 레슨까지 해주셨다. 한국에서는 보충하기 위해 학원을 다녀야 할 판이었는데 말이다.

선생님들은 한 달 늦게 들어온 내가, 먼저 온 다른 친구들과 발 맞춰 갈수 있도록 기꺼이 도와주셨다. 선생님의 사랑에 보답하는 길은 공부를 열심히 하는 것밖에 없었다. 게다가 중국어가 이렇게 재미있는 언어

자녀를 빛나게 하는 디톡스교육

인 줄은 정말 몰랐다. 쿵푸 영화에 나오는 말을 알아들을 수 있게 되기까지 하나하나가 다 신기함 그 자체였다."

숨겨진 독을 찾아서

창준이의 '만방생활기' 일부이다. 그가 만방학교에 온 지 6년 째 졸업반이 되는 해였다. 목장 선생님들끼리 모이는 목자 모임에서 창준이를 위해 기도하기 시작했다. 몇 차례의 모의시험에서 수학 성적이 계속 낮게 나와 자신감을 잃은 듯 친구를 의식하는 모습이 보였기 때문이다. 특히 친구인 영훈이는 수학에 대해 자신감을 갖고 있었고, 어떠한 난이도의 수학 모의고사에서도 항상 만점에 가까운 성적을 받는 학생이었다. 창준이가 시험지 첫 페이지의 절반 정도 문제를 풀었을 때 영훈이는 이미 다음 페이지로 넘어간다. 영훈이의 시험지 넘기는 소리에 머리가 하얗게 되면서 잔뜩 긴장한 창준이는 실력 발휘를 제대로 하지 못했다. 졸업반이 되기 전에는 없던 일이라 걱정이 안 될 수가 없었다. 창준이의 최대 약점이 늦게야 발견되었으니 말이다.

우리는 다시 부모님과의 인터뷰 자료를 뒤져보았고, 창준이의 승부욕에 대한 에피소드들을 읽을 수 있었다.

"칭찬받는 데 익숙한 창준이는 부모님과 선생님과 친구들의 관심을 끌기 위해서라면 뭐든지 최선을 다하고 잘하려는 성향이 강한 편이었습니다. 초등학교 3학년부터는 줄곧 학급 반장을 하였는데, 학급 발표회를 할 때면 직접 사회도 보고 공연도 2~3개씩 맡아서 하는 못 말리는 행동파였죠. 한번은 교회학교에서 하는 단체 프로그램인 '어와나' 게임 대회에 출전하게 되었는데요. 연습 중에 자기 팀에 잘 못하는 선수가 있으면 '너는 빠져'라고 말할 정도로 승부욕을 불태웠어요. 초등학교 1학년 때부터 태권도를 해온 창준이는 운동 신경이 좋은 편이라 몸으로 하는 운동에는 적극적이었고 지는 것을 싫어해 그처럼 지나친 승부욕을 보이곤 했습니다. 집에서도 뭐든지 항상 누나보다 잘한다고 칭찬을 받으려 해서 다툼의 불씨가 되기도 했습니다."

내내 모범생 소리를 들었던 창준이는 좋은 일에 앞장서며 뭐든지 솔선수범했고, 운동이라는 운동은 모두 잘했다. 겉으로는 나무랄 데 없는 그에게 숨겨진 독이 있을 줄이야….

그의 내면 깊숙이 자리잡은 '내가 가장 잘해야 한다'라는 승부욕이 자신을 힘들게 만드는 원인이었다. 재학기간 동안 숨겨져 있다가 졸업반이 되어서야 확연히 드러난 승부욕은 강박관념과 과민성 증후군으로 발전하였다. 그의 멘탈에 엄청난 독이 쌓이기 시작했고, 스트레스 호르몬으로 인해 브레인 파워마저 약해지는 결과를 초래했다. 모의고사를 볼 때마다 실력 발휘가 안 되고 급기야 시험 울렁증까지 생겼다. 창준이는 수학에서 도저히 친구인 영훈이를 이길 수가 없었다. 영훈이는 합격하고 자신은 불합격할까 봐 초조해하니 실제 실력만큼 점수가 나오지 않고 오히려 떨어지게 된 것이다.

승부욕
질투심
강박증
미움

창준이의 독

공부 금지령

"공부하는 친구들이 나보다 성적이 좋으면 그날 하루는 기분이 정말 안 좋았어요. 그럴 때면 스스로를 채찍질하며 내가 왜 못하는지 분석하고 연구했는데, 이런 모습이 잘못되었다는 것을 깨달았습니다. 저는 수학을 참 좋아하지만 잘하지는 못했어요. 10학년(고1)이 되었을 때 제가 받은 수학 점수는 33점이었으니까요. 중학교 수학과는 확실히 달랐고 하나도 이해가 되지 않았거든요. '수포자(수학 포기자)'가 되고 싶었지만 그래도 한번 도전해보자는 마음으로 오답노트를 열심히 썼고, 수학을 잘하는 친구의 도움을 받으며 성적을 꾸준히 올려나갔어요. 어느 정도 자신감이 붙고 나니 그토록 싫어하던 수학이 좋아지기 시작했어요. 그러나 졸업반이 되자 수학이 다시 제 발목을 잡았습니다. 대학입시 날짜는 점점 다가오는데 평소에는 문제도 잘 맞추던 제가 모의고사만 치르면 점수가 엉망이었고, 심지어 수학 모의고사를 볼 때는 손을 떨면서 문제를 풀 지경이 었습니다. 안 그래도 예민한 시기인데 마음도 심란해졌어요. 겉으로는 아닌 척했지만 같은 반 친구들을 질투하고 '나는 왜 안 될까' 하고 스스로를 질책했지요. 정말 공부를 잘하고 싶었고 어릴 적부터 꿈꿔왔던 북경대학교에 가기를 간절히 원했습니다. 엉덩이에 굳은살이 박일 때까지 죽어라 해보자는 마음으로 공부하며, 설사 대학에 떨어지더라도 원 없이 공부해서 후회가 없도록 어금니를 꽉 깨물었습니다. 그런데 성적이 그렇게 많이 오르지 않자 허탈함과 초조함이 커졌던 것 같아요."

우리는 어떻게 하면 창준이의 치명적인 독을 빼줄 수 있을지 함께 기도하며 지혜를 모았다. '곧 괜찮아질 거야', '다 잘될 거야', '하나님이 계시잖아'와 같은 사탕발림의 위로는 전혀 도움이 되지 않는다. 우리가 진단하건대 그동안 창준이는 믿음이 좋아 보였고, 스스로 장학재단까지 만들어 학생들과 함께 아프리카, 동남아시아 할 것 없이 수많은 지역의 아동들을 후원하고 있었다. 중국 친구들에게 복음을 전하여 많은 결실도 보았던 창준이었다. 그랬던 그가 지금 눈앞의 문제에서는 이렇게 나약한 인간이라는 것이 이해가 안 될 정도였다. 이것이 바로 항상 깨어 있어야 하는 이유이다. 창준이는 어느덧 지나친 욕구의 노예가 되어버렸다. 그에게는 다음과 같은 성경말씀이 필요했다.

너희는 유혹의 욕심을 따라 썩어져 가는 구습을 따르는 옛 사람을 벗어 버리고 오직 너희의 심령이 새롭게 되어 하나님을 따라 의

와 진리의 거룩함으로 지으심을 받은 새 사람을 입으라 (에베소서 4:22-24)

만방학교에서 대학 진학을 지도하고 있는 김한수 박사님은 단단한 결심을 하기에 이르렀다. 하루는 창준이를 부르더니 이런 말을 했다는 것이 아닌가.

"창준아, 넌 공부할 자격이 없는 놈이다. 이제부터 공부를 금지시킨다. 넌 공부 이전에 하나님과의 관계를 재정비해야겠다."

대입 시험이 열흘도 안 남은 시점에서 이렇게 극단의 처방을 하기란 쉽지 않다. 보통 믿음으로는 어림도 없는 일이다. 하지만 만방학교의 선생님들은 달랐다. 김 박사님은 대학 진학지도의 철학을 이렇게 말했다.

"입시를 지도하면서 항상 강조하는 세 가지가 있는데, 저는 이것을 '삼박자'라고 부릅니다. 선생님이 할 일은 최적화된 입시 방향을 제시하며 학생들의 실력 향상을 위하여 최선을 다해 안내하는 것이고, 학생이 해야 할 일은 자신의 학업에 최선을 다해 실력을 향상시키는 것입니다. 마지막으로 하나님이 하시는 일은 최종 결정권이라고 할 수 있습니다. 따라서 그 어떤 일이 있어도 하나님의 결정권에 도전하지 않도록 반복하여 교육하고, 합격하든 불합격하든지 간에 어떠한 결과라도 감사하며 받을 준비를 해야 한다고 강조하고 있습니다."

하나님을 인정하지 않고 자기 힘으로 뭔가 이루었다고 하는 교만한 인재를 우리는 원하지 않는다. 시험 결과에 상관없이 감사할 줄 알아야 한다. 물론 쉬운 일은 아니다. 창준이는 청천벽력 같은 이 공부 금지령을 잘 받아들일 수 있었을까.

친구에 대한 미움을 해독하라

먼저 그의 욕심과 교만을 없애야만 했다. 선생님들은 그의 욕심과 교만을 굶겨 죽이기로 했다. '공부 금지령'을 통해서 말이다.

"저녁 순찰을 하고 있는데 창준이가 교실에서 불도 켜지 않고 슬피 울고 있어요."

김보석 선생님에게 전화가 왔다. 김한수 박사님은 창준이를 만나기 위해 다시 학교로 돌아갔다. 창준이에게 무슨 일이 있었던 걸까?

"결국 대학 시험을 10일 남짓 남겨두고 김 박사님께서 나에게 '공부 금지령'을 내리셨다. 이게 무슨 말도 안 되는 상황인가. 다시 처음으로 돌아가 하나님과의 관계를 점검하라고 하셨다. 내가 가장 중요하다고 생각하는 대학입시가 코앞인데 처음으로 돌아가라는 말은 충격 그 자체였다. 하지만 별다른 방법이 없었다."

'도대체 나에게 뭐가 문제일까?' 창준이는 몇 시간째 고민했다. 머리는 복잡하고 눈은 반쯤 풀린 와중에 그림을 하나 그리기 시작했다. 금이 간 하트였는데 그 위에는 '시기, 질투, 욕심, 교만'과 같은 단어들이 즐비하게 쓰여 있었다. 그중 가장 크게 쓴 '미움'이라는 단어를 보자마자 한 친구가 생각이 났다.

자녀를 빛나게 하는 디톡스교육

"그 친구는 바로 영훈이었어요. 영훈이는 저와 7학년(중1)부터 함께 학교를 다닌 오랜 친구인데 수학을 참 잘했어요. 매번 수학 시험만 보면 저보다 한 시간이나 먼저 풀고 거의 만점에 가까운 점수를 받는, 제가 정말 부러워하는 친구였지요. 사실 영훈이가 제일 친한 친구였기 때문에 한 번도 영훈이를 미워한다는 생각을 해본 적이 없었어요. 그런데 그날은 '미움'이라는 단어를 보자마자 영훈이가 생각나는 게 아니겠어요? 마음 한구석에 나도 모르게 영훈이를 이기고 싶은 승부욕과 열등감에서 나온 미움이 아주 크게 자리하고 있었던 거예요."

친구를 미워하고 있음을 깨달은 창준이는 즉시 자신의 진심을 담은 편지를 썼고, 쉬는 시간에 영훈이의 책상에 편지를 올려두었다. 다시 교실로 돌아오니 창준이의 책상에도 편지가 한 장 와 있는 게 아닌가. '어, 무슨 편지지?' 하고 열어보았더니 영훈이로부터 온 편지였다.

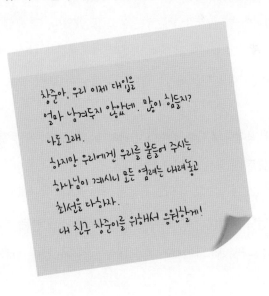

창준아, 우리 이제 대입을
얼마 남겨두지 않았네. 많이 힘들지?
나도 그래.
하지만 우리에겐 우리를 붙들어 주시는
하나님이 계시니 모든 염려는 내려놓고
최선을 다하자.
내 친구 창준이를 위해서 응원할게!

미워하고 있던 친구에게 이런 편지를 받았다면 어떤 마음이 들까? 창준이의 마음도 와장창 무너졌다. 말로 표현할 수 없는 미안함이 밀려와서 영훈이에게 용서를 구하고 하나님께도 용서를 구하고 싶었다. 그래서 무작정 교실에 들어가 항상 앉던 자리에서 기도하기 시작했다.

"하나님, 저는 졸업반에서 그 어느 누구에게도 공부하기 힘들다고 하소연하며 울어본 적이 없었어요. 부모님에게도 매번 전화할 때마다 잘하고 있다고 말했고요. 약한 모습보다는 강하게 이겨내는 모습을 보여주고 싶어서 하나님에게마저 더 강하고 굳세게 해달라고 기도했어요. 그러나 이제 제 진짜 마음을 하나님께 쏟아 놓습니다. 제가 영훈이를 미워했습니다."

창준이의 눈에서 갑자기 눈물이 쏟아지기 시작했다. 책상이 눈물 콧물로 뒤범벅이 될 때까지 창준이는 울고 또 울었다. 꽤 오랜 시간 마음속에 있던 것들을 쏟아내고 나니 마음이 후련해졌다. 그는 책상에서 그동안 써왔던 성장일기를 꺼내들고는 이렇게 기록했다.

"나는 북경대학교 학생 창준이 아닙니다. 하나님의 아들 창준입니다. 북경대학교를 내려놓습니다."

단 한 번도 북경대학교 입학을 의심한 적이 없을 만큼 자신 있었고, 할 수 있다고 믿었던 그에게는 실로 대단한 결심이었다. 마음을 내려놓

자녀를 빛나게 하는 디톡스교육

으니 비로소 그의 눈에 소중한 사람들이 들어왔다. 왈칵 눈물을 쏟을 수밖에 없었던 창준이의 멋진 친구들을 소개한다.

"그날 저녁 영훈이와 함께 이야기를 나누고 있는데, 졸업반에서 함께 공부하던 친구들이 하나둘 오더니 저를 붙잡고 울며 기도해주기 시작했어요. 동기들에게 정말 잘해준 것이 하나도 없는데…. 친구들은 저를 진심으로 이해해주었고, 힘든 제 마음을 위로해주었죠. 저는 그동안 친구들 앞에서 꼭꼭 감추었던 가식적인 모습에 대해 다 나누었어요. 그리고 용서를 구했습니다. 태어나서 그렇게 많이 울어본 것은 처음인 것 같아요. 생활관에 돌아오니 마음이 하늘에 붕 떠 있는 듯한 기분이 들 정도였어요. 나중에 알게 된 사실인데, 영훈이가 제 편지를 받고서 졸업반 친구들에게 제 약한 부분을 나누고 다 같이 도와주기로 했다는 거예요. 이런 멋진 친구들이 제 곁에 있다는 것이 얼마나 큰 축복인지 몰라요."

창준이와 그의 친구들에게 박수를 보내고 싶다. 친구들의 기도와 격려로 창준이는 모든 부담감을 벗어던져 버릴 수 있었다.

하나님이 모세에게, 여호수아에게 말씀하셨다.

"네 신을 벗어라. Take off your sandles"

하나님의 사람은 그분 앞에서 신발을 벗어야 한다. 자기 욕심, 자만심을 모두 벗어야 한다. 창준이는 그렇게 자신의 능력이라는 신발을 벗음으로써 가벼운 마음으로 다시 일어설 수 있었다.

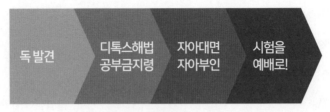

창준이의 디톡스 프로세스

대입시험을 예배로 드려라

공부 금지령은 창준이가 하나님을 통하여 모든 초조함과 강박관념, 승부욕과 질투, 미움 등을 해결하고 진정한 자유를 만끽하는 시간이 되었다. 시험을 치르기 전 일주일 동안은 창준이가 마치 여리고 성을 점령하는 여호수아와 이스라엘 백성들과 같이 찬양으로 하나님 앞에 나아가는 나날이었다. 그가 어떻게 시험을 치렀는지, 과연 수학 시험은 잘 보았는지 자못 궁금했다. 곧 창준이가 기쁨을 감추지 못한 채 조잘조잘 이야기를 쏟아냈다.

"일주일이 지나고 북경대학교에 시험을 치러 갔는데, 신기하게 하나도 떨리지 않았어요. 제가 가장 두려워하던 수학 시험에서도 전에는 긴장하느라 시간이 부족해서 문제도 다 못 풀었는데, 그날은 5분 전에 모든 문제를 다 풀었어요. 잠시 펜을 내려놓고 기도했죠. '하나님께서 다 하셨습니다. 이제 떨어져도 후회와 아쉬움은 없습니다. 시험도 예배이니까요.'

저는 지금까지 한 번도 받아본 적이 없는 높은 점수를 받았어요. 인터뷰에서도 만방학교에서 배운 독서, 감상문 쓰기, 발표하기, 토론하기 등이 큰 도움이 되었습니다. 주입식 교육이 아닌 만방식 임파워링하는 공부의 힘을 경험한 거예요. 하나님께서는 졸업반이라는 과정을 통해서 제 힘을 빼고 하나님을 의지하게 하셨고, 하나님의 나라와 의를 먼저 구하는 것이 무엇인지 알게 하셨습니다.

만방학교는 정말 말도 안 되는 방법으로 교육을 시킵니다. 어떻게 대학입시를 일주일밖에 남겨 놓지 않은 고3에게 공부 금지령을 내릴 수 있을까요? 세상의 관점으로 보면 그야말로 정신 나간 행동이나 마찬가지 아니겠어요? 그러나 우리는 선생님의 말씀에 100% 순종합니다. 선생님들은 저희의 목자이시며, 몸으로 직접 살아가시는 분들이기 때문이지요."

부모로부터 그 어떤 불평을 듣더라도 명문대 합격보다 하나님과의 관계를 먼저 정립하도록 돕는 일이 우리의 책임이다. 그동안 몰래 숨겨 온 그의 교만함이 선생님들에게 발견되었고 이를 해독할 필요가 있었다. 썩어가는 독을 빼지 않으면 창준이에게서 악취가 넘쳐날 것이기 때문이다. 대학 진학 시험이 자신의 욕심을 성취하는 장으로 둔갑해서는 안 된다. 시험장에서도 하나님의 의는 선포되어야 하는 것이다.

앞에서 소개했던 '리틀 모세'는 깨달음을 만화로 그리는 재주가 남다르다. 그는 그의 만화에서 가인과 아벨의 제사를 비교하며 이렇게 언급한다.

"가인도 아벨도 오랫동안 땀 흘리며 수고한 결과물을 드렸다는 것은 동일합니다. 하지만 아벨은 자신의 산물이 온전히 하나님의 것임을 알고 기쁨으로 하나님께 드렸습니다."

그렇다. '대학입시'란 그동안 땀 흘린 대가를 부모와 자녀가 보상받는 시간이 아니다. '시험장'이란 지금까지 수고한 모든 실력이 내 것이 아니라 주님의 것임을 고백하러 나아가는 제사와 예배의 장소이다. 이미 프롤로그에서 소개한 정민이가 바로 그 아벨의 제사를 하나님께 드린 인물이다. 당신의 자녀에게 들어간 교육비와 그 자녀가 갈고닦은 실력은 누구의 것인가? 당신의 자녀를 가인으로 키울 것인가, 아벨로 키울 것인가?

만방 13학년

"창준이는 졸업했지만 여전히 만방학교의 13학년과 같이 생활하고 있습니다. 고맙고 감사할 뿐입니다. 이제 더 이상 학교로부터 주간 통신문을 받지는 않지만, 가족 카톡방을 통해 매일 자신의 생각과 일상들을 공유하는 아들을 볼 때마다 제가 가장 잘한 일 중에 하나가 아들을 만방학교에 보낸 것이라는 생각이 듭니다. 이제 초등학교 4학년인 막내도 만방의 동문이 되기를 소원하고 있답니다."

"예배란?"

가인과 아벨이 제사를 드렸습니다.

하지만 하나님께서는 아벨의 제사만 받으셨죠.
왜 그러셨을까요?

단순히 하나님께서 양은 좋아하시고
곡식은 싫으셔서 그랬을까요? 아닙니다.
하나님은 그들의 '마음'을 보시고 결정하셨습니다.

양과 곡식이 문제가 아닙니다.

가인도 아벨도 오랫동안 땀 흘리며 고교분투한 결과물을
드렸다는 것은 동일합니다. 하지만 아벨은 자신의 산물이
온전히 하나님의 것임을 알고 기쁨으로 하나님께 드렸습니다

하나님이 주신 양...

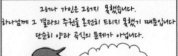

그러나 가인은 그러지 못했습니다.
하나님께 그 결과의 주권을 온전히 드리지 못했기 때문입니다
단순히 양과 곡식의 문제가 아닙니다.

그래도 내가 가꾸는건데...

예배란 우리의 인생 동안의 최고의 가치를 하나님께
올려드리는 것입니다. 우리가 이 땅에서
수고하고 노력해서 얻은 모든 것을 드리는 겁니다.

Wor(th) + -ship

가치   섬김, 상태 지위

가치 있는 것의 진정한 성질, 상태.
가치 있는 것이 진정한 상태, 성질로 흐르는 것

우리가 어떤 대학을 가고 어떤 직업을 가지고 어떻게
살 것이냐가 문제가 아닙니다. 가인과 아벨의 제사가
양과 곡식의 문제가 아니었던 것처럼요.

目 的

내가 왜, 무엇을 위해 사느냐가 문제입니다.

원저 : 이선혁 / 일러스트 : 문희수

창준이 아빠의 편지에서 '만방 13학년'이라는 말이 눈에 들어온다. 학교가 공부 기계로 만드는 공장이라면 졸업과 동시에 다시는 보지 않는 관계가 돼버린다. 하지만 만방학교는 그리스도의 제자를 만드는 파워나지움이다. 학교에서는 스승과 제자이지만 졸업과 동시에 우리는 동역자의 관계로 거듭나서, 졸업생들과 연합하여 그리스도의 증인으로 힘을 합치게 된다. 졸업을 하고 12학년이 지나도 영원히 13학년을 꿈꾸는 학교, 그곳에서 자라는 아이들의 미래는 그들의 미소만큼 눈부시리라.

자녀를 빛나게 하는 디톡스교육

12장
진정 죽을 곳을
찾아라

아이들에게 모래를 머금게 하라

만방학교에서 역점을 두는 훈련은 이미 언급했듯이 감사 훈련이다. 감사 훈련은 '안 된다', '할 수 없다' 등의 부정적 사고를 긍정적인 관점으로 전환하는 데 특효약이다. 그다음으로 역점을 두는 훈련이 고난 훈련이다. 요즘 아이들의 생활패턴을 보면 집, 학교, 학원 세 군데에서 다람쥐 쳇바퀴 돌듯 맴돌고 있다. 그들의 인생에서 도전이라고는 찾아보기 힘들 뿐만 아니라, 그들은 한계를 돌파하기보다는 피하려고만 한다. 왜 아이들이 자꾸 도전을 피하는 걸까?

그렇다. '두렵기' 때문이다. 예측할 수 없는 한계에 다가서기가 두렵고 알 수 없는 미래를 향한 도전이 무서워서 도전보다는 안주를 택하는 것이다. 도전을 피하고 싶은 마음은 두려움으로부터 나온다. 그리고 두려움은 다시 무능력을 낳는다. 두려움을 퇴치해야 하는 이유가 여기에 있다. 아무리 스펙이 화려해도 스스로 해결하는 능력이 약하고 담대한 마음이 없다면 그 인생은 기대할 것이 없다.

도전의 중요성은 아무리 강조해도 지나치지 않는다. 다음은 한 신입 선생님이 교육 현장을 몸소 일주일간 경험하고 쓴 글이다.

"진주가 만들어지는 과정을 생각해봅니다. 어느 날, 숨 쉬던 조개 안에 모래가 들어가 이리저리 조개의 살을 찌르며 고통스럽게 합니다. 인내의 한계에 부딪힌 조개는 모래를 감싸 안은 분비물을 배출하고, 그 노력의 과정이 반복되면서 고통스럽던 모래 알갱이는 진주라는 값진 보석으로 변하게 됩니다.

교육의 역할은 마치 조개 안에 모래를 넣어주는 것과 같다고 생각합니다. 어렵고 힘들다고 느낄 때 최선이라는 칼을 빼내게 됩니다. 어쩌면 교육은 훈련되지 않은 유들유들한 조개의 살 안에 들어간 모래 알갱이처럼 학생들에게는 거슬리고 달갑지 않은 것일 수도 있습니다. 그 고통으로 하여금 학생들에게 진주가 될 수 있다는 소망을 전달하려면 무엇이 필요할까요? 진주를 가지고 있는 교육자라면 그것이 가능하리라 생각합니다. 우리 학생들이 자신의 삶에 모래라는 고통이 들어와도 포기하지 않고 진주가 되기를 희망하는 사람이 되었으면 좋겠습니다. 그리고 저역시도 모래를 빼내려는 친구들에게 진주의 희망을 심어주는 교사가 되기를 소망합니다."

　　　　자녀를 빛나게 하는 디톡스교육

하나님의 사람은 하나님이 보시기에 좋은 것을 낳는 사람들이다. 조개가 진주를 낳듯이 말이다. 익히 알고 있는 성경구절을 적어 보겠다.

우리가 환난 중에도 즐거워하나니 이는 환난은 인내를, 인내는 연단을, 연단은 소망을 이루는 줄 앎이로다
We also rejoice in our sufferings, because we know that suffering produces perseverance; perseverance, character; and character, hope.
(로마서 5:3-4)

환난을 로마시대에 받았던 박해에 국한하지 말고 이 시대에 적용해 '고통'과 '고난', '고생'으로 볼 수 있다. 즉, 한계에 부딪치게 한다는 의미다. 조개에 모래라는 고통이 있을 때 진주를 낳듯이 사람도 고통이 있어야 인내와 인격, 노련함, 성취감, 희망을 낳는다.

오늘날 아이들은 왜 연약한가? 어릴 때는 보행기로 고난을 피하게 하고, 유치원 시절에는 엄마가 가방을 들어주니 독립할 능력이 없다. 초등학교부터는 온갖 과외를 통해 아이 혼자서 무언가를 이루어 낼 시간을 주지 않으니 극심한 사춘기, 소위 '중2병'은 대부분 이런 생활방식의 결과라고 볼 수 있다. 이들은 참을성이 없고 충동적이며 괜히 짜증을 부린다. 아이들에게 어떻게 인내심을 기르게 할 것인가? 바로 '고난'이라는 훈련을 통해서다.

운동장을 두 바퀴만 뛰어도 기진맥진하던 아이가 있었다. 아이는 운동장을 뛰고 또 뛰었다. 어느새 세 바퀴를 돌더니 어느덧 열 바퀴를 뛰

고 있다. 이러한 고통은 인내와 단련을 낳고 성취감까지 얻을 수 있으며, 아울러 더욱 높은 도전을 소망하게 한다. 이것이 바로 고통의 유익이다. 그러니 돈보다 고통을 택하는 것이 유익한 일 아니겠는가. 진정한 리더는 온실에서 나오지 않는다. 그래서 만방학교는 여러 가지 '개고생' 프로그램을 꾸준히 개발해나가는 것이다.

잠언 3장이나 히브리서 12장을 보자. 여기에서는 징계하시는 아버지, 하나님에 대하여 언급하고 있다.

> 하나님이 아들과 같이 너희를 대우하시나니 어찌 아버지가 징계하지 않는 아들이 있으리요 징계는 다 받는 것이거늘 너희에게 없으면 사생자요 친아들이 아니니라 (히브리서 12:7-8)

징계란 회초리로 맞는다는 의미보다는 '훈련(discipline)'으로 번역되어야 한다. 이 훈련은 또한 '고통(suffering)', '고된 시간(hard time)'과 연관되어 있다. 즉, 하나님은 우리를 더욱더 강력한 사람으로 만들기 위해서 고통을 통해 훈련하신다.

너의 꿈을 버려라

만방학교가 학생들에게 강조하는 메시지가 있다.
"네 꿈을 버려라. 개꿈이란다."
사람들은 꿈을 가져야 한다고 하지만 우리는 꿈을 버리라고 가르친다. 왜일까? 내가 가진 꿈을 자세히 들여다보면 알게 된다. 꿈은 대개 개인의 이기적 욕구에서 나오기 때문이다. 부모의 세뇌 작업을 통해 나온 것들도 태반이다. 그것들은 대부분 그저 나 혼자 잘 먹고 잘 살겠다는 꿈이다. 그래서 우리는 세상과 다르게 가르친다. '생존을 위한, 개인의 성공을 위한 꿈은 버려야 한다고.'

십 대나 어른이나 고민하고 추구하는 것을 자세히 들여다보면 형태만 다를 뿐 본질적으로는 모두 똑같다. 학생들은 좋은 성적을 위해서 고민하고, 어른들은 승진을 위해서 고민한다. 이 둘이 무엇이 다르단 말인가.

물론 자아성취를 위한 독려도 중요하지만 '자아부인'이 우선이 되어야 한다. 자아부인 없는 자아성취는 모래 위에 쌓은 집과 같다. 집은 반석 위에 지어질 때 견고하고 흔들림이 없는 법이다. 따지고 보면 우리에게 더욱더 성공적인 인생을 살게 하려고 예수님께서 오신 것이 아니겠는가.

무리와 제자들을 불러 이르시되 누구든지 나를 따라오려거든 자기를 부인하고 자기 십자가를 지고 나를 따를 것이니라 (마가복음 8:34)

자기 목숨을 얻는 자는 잃을 것이요 나를 위하여 자기 목숨을 잃는 자는 얻으리라 (마태복음 10:39)

예수님이 우리에게 찾아오신 이유가 무엇인가? '예수 믿으면 복 받는다'는 것만 강조하다 보니 우리에게는 진정한 자아부인이 이루어지지 않고 결국 예수님을 통한 이기적인 성공만 원하게 되었다. 그러다 보니 어느덧 기독교가 기복 종교가 되어가는 것이다.

예수님을 진짜 만나는 경험을 해야 한다. '내가 그리스도와 함께 십자가에 못 박혔나니…' 이 귀한 갈라디아서 2장 20절의 고백을 십 대 아이들이 훨씬 더 진심으로 말하고 있다. 때때로 아이들은 어른들보다 영적이므로.

> 내가 그리스도와 함께 십자가에 못 박혔나니 그런즉 이제는 내가
> 사는 것이 아니요 오직 내 안에 그리스도께서 사시는 것이라 이제
> 내가 육체 가운데 사는 것은 나를 사랑하사 나를 위하여 자기 자신
> 을 버리신 하나님의 아들을 믿는 믿음 안에서 사는 것이라 (갈라디
> 아서 2:20)

자아의 완전한 죽음과 동시에, 그리스도와 연합하는 삶을 경험하고 나서 진정한 꿈을 위해 기도해야 한다. 하나님의 통로로 쓰임 받도록 말이다. 이처럼 우리 그리스도인들에게는 꿈이 이미 정해져 있다.

> 오직 성령이 너희에게 임하시면 너희가 권능을 받고 예루살렘과
> 온 유대와 사마리아와 땅 끝까지 이르러 내 증인이 되리라 (사도행
> 전1:8)

그리스도인의 3가지 핵심 단어

자녀들의 꿈은 두말할 것 없이 '증인'인 것이다. 증인이라 함은 선교사와는 다른 의미다. 만방학교의 졸업생들을 모두 선교사로 키울 수 없거니와 그래서도 안 된다. 증인이 된다는 말은 그들의 삶을 통하여 선한 영향력을 발휘하고 사람을 살리는 데 쓰임 받는다는 뜻이다. 따라서 공부의 목적은 성공하기 위해서가 아니라 사람을 살리기 위함이 되어야 한다. 그런 의미에서 장래 직업은 결코 꿈이 될 수 없다. 직업은 꿈을 이루는 도구일 뿐이다. 따라서 우리의 직업을 꿈으로 설정해서는 안 된다. 아직까지도 자녀의 꿈을 세상에 국한시키는 어른들이 많다. 그러니 세속적인 범위에서 벗어나지 못할 수밖에.

너희는 세상의 빛이라 산 위에 있는 동네가 숨겨지지 못할 것이요

(마태복음 5:14)

만방학교를 졸업한 제자 수정이는 대학을 졸업하자마자 다시 학교로 돌아왔다. 학생이 아닌 이수정 선생님으로 말이다. 후배들에게 증인의 사명을 감당하고 싶어서, 직업으로 교사를 택한 것이 아니라 사명으로 교사를 택한 것이다. 그녀의 고백을 들어보자.

"부모님께 그리고 선생님들께 축복의 유산을 받고 누리며 살아가는 저는 정말 복된 사람입니다. 평생 받을 복을 다 받았다고 해도 좋을 만큼 요즘 너무나 즐겁습니다. 앞으로 하나님께서 저에게 특별한 인생을 살게 하셔도, 혹 그렇지 않다 하더라도 상관없습니다. 제가 만방학교에서 배운 교육을 후배들과 나누며 살아갈 수 있다면 평범한 모든 순간들이 더욱 특별해질 테니까요. 제가 받은 모든 것들을 잘 흘려보낼 수 있도록 더 노력하겠습니다. 지혜를 주셔서 감사합니다. 그리고 사랑합니다.

섬김을 받는 것이 아닌 섬기는 리더로

지난주 학생회 임원들과 이야기를 나누었다. 사실 만방학교에서는 임원이 아니라 '섬김이'라고 말한다. 섬김이들과 진정한 리더십에 대해 대화를 나누며 이번 학기 키워드를 '헌신'으로 정하였다. 한국에서는 반장이나 회장의 자리가 섬기기 위함이 아닌 대학입학에 유리한 스펙 쌓기라는 이기적 욕구를 채우기 위한 것으로 전락한 지 오래이다. 학부모들이 앞장서서 자기 자녀 임원 만들기에 힘쓴다는 이야기도 있다. 일찍부터 어른들의 선거 풍토로부터 포퓰리즘을 배워나가기도 한다. 진정한 서번트 리더가 나오기 힘든 이유이다.

하지만 하나님이 원하시는 리더는 '서번트 리더'이다. 앞에서 소개했던 1등병 환자, 성수를 기억할 것이다. 이미 언급했듯이 그는 우월감, 인정받고 싶은 욕구, 교만, 시기심, 친구 가리기 등의 독으로 가득 찼던 아이였다. 디톡스된 후 그의 얼굴은 해 같이 빛났고, 3년이 지난 지금 그는 학생회 대표 섬김이가 되었다. 그가 주일 모임 때 '함께 나누는 이야기' 순서에서 친구들 앞에서 이렇게 고백한 적이 있다.

"만방에 온 지도 벌써 3년이 되어갑니다. 그 3년의 시간은 섬김이로서의 저의 모습에도 많은 변화를 가져오게 했습니다. 첫 1년 동안 섬김이로서의 저를 돌아보면 부족한 것이 많았습니다. 한국에서 임원의 역할과 별다를 바 없다고 생각하며 겉으로 드러나는 역할에 더 초점을 맞추었고, 섬김이의 자리를 귀찮게 여길 때도 있었습니다. 그리고 쉽게 변화되지 않을 것 같은 반 친구들을 보며 판단하곤 했었습니다. 그랬던 제가 말씀을 묵상하며 참 사랑, 진실된 사랑에 대하여 조금씩 알아가게 되었습니다. 귀찮아하고 판단했던 마음들이 관용과 섬기는 마음으로 바뀌었고, 보이지 않는 곳에서 더 마음과 시간을 들이고 생각하는 섬김이의 모습으로 조금씩 변화될 수 있었습니다.

이번 학기 섬김의 주제는 '헌신'입니다. 말보다는 행동으로, 생각보다는 실천하는 것이 헌신이라고 생각합니다. 헌신에 관해 많은 생각을 하며 이번 학기를 그려볼 수 있었습니다. 먼저, 헌신은 작은 것에서부터 출발하는 것이라고 생각합니다. 어찌 보면 거창하게 들릴 수 있는 것이기에 구체적이고 작은 헌신에서부터 출발하기로 하였습니다. 학생회 섬김이들과 회의를 하여 실천 방안만 생각하지 않고 '언제, 어떻게, 누구와' 할 것인지도 정하였습니다. 아무리 문제 인식을 잘하고 좋은 실천 방안이 있어도 그것을 지키지 않는다면 효과가 없으니까요. 작은 것부터 정말 지킬 수 있는 것, 정말 헌신할 수 있는 것으로부터 출발하고 싶습니다. 작은 것이지만 중요한 것, 그것에 가치를 두고 헌신할 것입니다.

다음으로, 헌신은 마음을 쏟는 것이라고 생각합니다. 공동체를 바라보며 생각하고 공동체의 문제를 인식할 때, 그것에 대해 생각하고 마음을 쓸 수 있는 길이 열리고 그 길을 걸어갈 수 있는 추진력이 생깁니다. 매일 하루를 마무리하며 5분간 기도하는 시간을 가지려고 합니다. 생각할 때 객관적으로 돌아볼 수 있고 방향성을 다잡을 수 있기 때문입니다.

마지막으로, 헌신에는 기쁨이 있습니다. 헌신은 때때로 기쁨보다는 책임이나 의무 등 무거운 이미지로 비치곤 합니다. 그러나 그런 생각을 깨는 한 학기가 되면 어떨까라는 생각을 해봅니다. 작지만 같이하는 헌신 속에 분명히 느낄 수 있는 기쁨이 있다고 생각합니다. 예를 들어, 야식 뒷정리가 있습니다. 언뜻 보면 귀찮아 보이지만 같이하면 나름 보람 있고 금방 끝낼 수 있는 일입니다. 비록 자신이 먹지 않았거나 음식물이 손에 묻기도 하지만 기쁨과 보람이 있습니다.

눈앞의 손해를 넘어 은혜를 바라볼 수 있는 섬김이가 되었으면 합니다. 손해가 그저 손해가 아니라 다른 사람들에게 선한 영향력을 줄 수

자녀를 빛나게 하는 디톡스교육

있는 통로가 되어, 자신 또한 기쁨을 누리면서 진짜 헌신을 배워갈 수 있는 섬김이가 되기를 소망합니다."

성수를 보면 예수님의 말씀이 생각나지 않을 수 없다. 어느새 그는 섬김 받고 인정받기를 갈구했던 모습에서, 섬기고 헌신하는 서번트 리더로 자라가고 있었다. 예수님의 신실한 제자가 되어가는 성수의 모습에 흐뭇한 미소가 지어진다.

예수께서 앉으사 열두 제자를 불러서 이르시되 누구든지 첫째가 되고자 하면 뭇 사람의 끝이 되며 뭇 사람을 섬기는 자가 되어야 하리라 하시고 (마가복음 9:35)

진정 죽을 곳을 찾아라

C.S. 루이스는 『순전한 기독교』에서 이런 말을 했다.

"그리스도는 이렇게 말씀하신다. '내게 전부를 주라. 너의 시간과 돈, 일의 일부는 필요 없다. 나는 너를 원한다. 나는 너의 육신을 고문하기 위해서가 아니라 죽이기 위해 왔다. 미봉책은 소용없다. 여기저기를 가지치기 해봐야 소용없다. 내가 원하는 것은 나무의 뿌리를 뽑고 새 자아를 주는 것이다.'"

오늘날 그리스도인이라고 자칭하는 많은 이들이, 또 복음을 설교한다는 사람들이 강조하는 것은 무엇인가. '예수님은 우리를 살리러 오셨다?' 물론 이것도 맞는 말이지만 예수님이 이 땅에 오신 이유로는 완전하지 않다. 나는 학생들에게 '예수님은 우리를 죽이려고 오셨다'고 가르친다. 그러면 아이들은 이렇게 질문을 쏟아낸다.

"뭐라고요? 죽이러 오셨다고요? 우리를 구원하기 위해서 오신 것이 아닌가요? 처음 듣는 말인 걸요!"

은강이는 이 설교를 듣고 감상문을 만화로 그렸는데 이렇게 고백했다.

"죽지도 않은 좀비처럼 살지 말고, 주님의 십자가로 예수와 함께 죽고 다시 살아나 하나님의 심장을 가진 자로 살아가겠습니다."

당신은 어떻게 생각하는가? 우리는 철저히 예수님에 의해 죽어야 한다. 그 죽음을 경험해야만 의에 대하여, 하나님에 대하여 살게 되는 것이다. 그런 제자들을 만드는 데에 나와 동역자들은 헌신하고 있다.

친히 나무에 달려 그 몸으로 우리 죄를 담당하셨으니 이는 우리로
죄에 대하여 죽고 의에 대하여 살게 하려 하심이라 그가 채찍에 맞
음으로 너희는 나음을 얻었나니 (베드로전서 2:24)

JG 감상문

어느 날, 미국에서 오신 영어 원어민 선생님 부부와 함께 저녁식사를 하였다. 식사 후 차를 마시며 그들은 기도제목이 있다는 말을 꺼내면서 나에게 이렇게 대화를 건넸다.

"We are looking for a place to die, not to live(우리는 죽을 장소를 찾고 있습니다)."

"What? Place to die(네? 죽을 장소를요?)"

"맞습니다. 나를 위해 살기 위한 장소가 아니라 예수님을 위해 죽기 위한 장소를 찾는 게 올바른 일인 듯합니다."

그들의 말을 듣고 나는 커다란 망치로 뒤통수를 얻어맞은 것만 같았다. 예수님은 이 땅에 우리를 위하여 죽으러 오셨다. 그렇다면 그리스도인은 살기 위한 장소가 아니라 죽기 위한 장소를 찾아야 한다. 하지만 요즘은 온통 '살기 위한' 장소를 찾느라 바쁜 게 현실이다. 학군이 좋은 곳으로 살러 가고, 아파트 값이 오를 곳으로 살러 가는 등, 삶의 주제가 '더 살기 좋은 곳으로!'가 아닐까 싶을 정도이다.

그들의 말마따나 '죽을 장소'를 찾는 것이 그리스도인의 삶의 자세가 되어야 하지 않을까. 물론 무조건 척박한 환경으로 가야 한다는 의미는 아니다. 하지만 어디에서 살던지 목숨을 걸 미션이 있어야 한다.

그가 우리를 위하여 목숨을 버리셨으니 우리가 이로써 사랑을 알고 우리도 형제들을 위하여 목숨을 버리는 것이 마땅하니라 (요한일서 3:16)

자녀를 빛나게 하는 디톡스교육

당신은 살기 위한 장소를 찾고 있는가, 죽을 장소를 찾고 있는가? 사욕의 인생인가, 사명의 인생인가. 내가 가르치는 만방학교의 학생들 모두가 그들의 인생을 불태울 비전을 발견하고, 그 사명에 죽을 곳을 찾게 되기를 기도한다. 그리하여 일부가 아닌 전부를 주님께 드릴 수 있는 터를 발견하길 기도한다. 세상은 두려움을 주지만 우리 하나님은 생존 혹은 살아남기의 한계를 뛰어넘는 생명력을 주신다. 두려움만 주는 생존 마인드로 몸부림칠 것인가, 아니면 하나님의 생명력으로 기쁘게 죽을 곳을 찾을 것인가.

Part 4를 나가기 전에

1. 『세븐파워교육』의 7장을 읽어보시기 바랍니다. 삶이 무엇인지는 몰라도 죽음은 반드시 우리에게 찾아옵니다. 그 죽음과 대면하는 시간을 가지십시오. 그러면 현재의 삶이 더욱 풍요롭고 충실해질 수 있습니다. 죽음에 직면했다 가정하고 유언장을 써보십시오. 어떤 느낌인가요?

2. 제자들에게 종종 얘기합니다. "먹고 살기 위한 빨대를 꽂지 말고, 새로운 개척지에 깃발을 꽂아라"라고 말이죠. 하나님은 우리를 위해 사후대책까지 모두 마련해 놓으셨습니다. 하물며 대학, 직장, 노후대책쯤이야! 자녀들에게 생존을 위한 꿈이 아니라 하나님 나라를 위한 꿈을 펼치게 합시다. 자녀의 꿈을 점검해보십시오.

3. C.S. 루이스의 『순전한 기독교』, 카일 아이들먼의 『팬인가, 제자인가』를 자녀들과 읽으신 뒤, 감상문을 적어보시고 가정에서 토론해보십시오. 지금까지 학생들을 가르치며 놀란 것은, 교회는 다녔지만 크리스천은 아니었던 아이들이 무척 많다는 것이었습니다. 자녀의 신앙을 점검하십시오.

I seek not a long life, but a full one,
like you Lord Jesus.

Jim Eliot

에필로그

"여름 아웃리치를 마치고 방학을 보내기 위해 한국으로 돌아가기 전
날이었습니다. 아웃리치를 잘 마치게 된 것에 대한 감사를 드리는 마음
으로 마지막 밤은 "찬양의 밤"으로 보냈습니다. 아웃리치로 인해 피곤했
음에도 불구하고 어디서 그런 에너지가 나오는지 모두가 땀으로 온몸을
흠뻑 적시며 주님을 찬양하는 열정의 시간이었습니다.

우리는 함께 통성으로 기도하는 시간도 가졌습니다. 저는 무언가에
이끌리는 느낌이었고 곧이어 환상을 보게 되었습니다. 정말 크고 센 폭
포에 어떤 사람이 있었습니다. 그 사람은 모가 나고 못생긴 돌들을 그
폭포에다가 집어넣고 있었는데 못생긴 돌에 우리 만방 친구들의 얼굴이
붙어 있었습니다.

얼마간의 시간이 지난 뒤에 그 사람이 돌들을 폭포 속에서 꺼내오는
것을 보았는데, 꺼내온 돌들은 정말 누가 보아도 예쁘고 잘 깎여져서 부
드러운 돌들이 되어 있었어요. 정말 해맑고 기쁘고 감사한 표정이었고,
빛이 나는 얼굴들이었습니다. 그런데 안타까운 일도 있었습니다. 폭포
에 넣어졌던 돌들 중에는 참지 못하고 막 튀어 오르는 돌들이 있었거든
요. 불쌍하고 눈물이 날 정도로 가슴이 아팠어요.

저는 그 환상이 만방에서 생활하고 있는 저와 친구들이 변화되어 가

는 모습이라고 생각했습니다. 그리고 혹시 내가 튕겨져 나가는 돌이 아닐까 두려운 마음도 있었습니다. 학교에서 지낼 때 변화도 없고 힘들다고만 생각했는데, 아마 하나님께서 저를 위로하시며 힘내라고 보여주시는 환상이었던 것 같습니다.

만방학교에 다닐 수 있도록 인도해주신 하나님께 감사드립니다. 그리고 선생님들께, 부모님께 정말 감사드립니다. 한국에 돌아가면 사람들이 엄마 아빠에게 그리고 저에게까지 말하곤 하십니다.

'선미야, 너 정말 달라졌다. 얼굴에서 빛이 나는구나!'

이번 여름방학 동안에 한국에서 많은 분들에게 더 많이 달라진 나의 모습이 보이기를 기도합니다. 예수님께서 저를 갈고 닦으시는 중이거든요."

위의 글은 선미가 전해준 이야기이다. 디톡스 & 임파워링을 잘 설명해주고 있다. 하나님의 임파워링을 경험한 강한 능력의 아들 딸들을 만들기 위해 계속하여 파워나지움의 사명에 올인하리라.

감사의 글

종종 학생들과 선생님들께 농담 삼아 이렇게 말하곤 한다.

"이 책의 저작권은 여러분에게 있습니다."

『세븐파워교육』에 이어 이번에 집필한 『자녀를 빛나게 하는 디톡스교육』은 나의 글이 아니다. 선생님들의 헌신과 학생들의 순종과 변화가 엮어낸 책이기 때문이다. 나는 단지 이야기들을 정리하였을 뿐이다. 만방에는 스토리가 참으로 많다. 학생 개개인의 변화와 성장 스토리는 가슴을 촉촉하게 적시곤 한다.

이 지면을 통해서 마음을 담아 동역자되시는 사랑하는 선생님들에게 감사의 마음을 담아 고백한다.

"여러분들이 있어 정말 행복합니다. 헌신자들의 동역은 날마다 기적을 낳습니다. 계속해서 다음 세대를 위하여 죽을 각오로 나아갑시다."

그리고 가까운 미래에 하나님 나라를 위해 동역자가 될 사랑하는 제자들에게도 사랑의 마음을 담아 전한다.

"애들아. 너희들이 복도에서 떠드는 소리까지 사랑스럽단다. 학교와 선생님들의 마음에 너희의 목소리를 담게 해줘서 고맙다. 선한 영향력을 어떻게 발휘할까? 헌신이 답이란다. 너희들을 통해 청출어람을 끊임없이 경험하고 싶다."

끝으로 사랑하는 아내, 은혜와 데이빗에게도 감사의 마음을 담아 전한다.

"아내의 수고와 열정, 엄지 척! 당신으로 말미암아 힘이 난다. 은혜와 데이빗, 너희의 헌신에 고맙다. 계속해서 예수님에 미쳐 헌신하는 삶을 살자꾸나!"

최하진

Manbang Global Powernasium

만방국제학교

> "만방의 동생들이 받고 있는 교육은 정말 특별하고 소중한 교육이라는 것, 그리고 어느 곳에 가서도 만방에서 배운 대로만 살면 Survive이상의 Thrive를 해낼 수 있다는 것을 꼭 말해주고 싶어요"
>
> **최규용**
> Yale-NUS 재학

파워나지움이란 미래형 교육개념으로 '학교란 파워를 기르는 인재양성소'라는 뜻이다. 선한 능력의 영향력이 넘치는 서번트 리더들을 기르기 위해 설립된 기숙형 사립학교로서 300여명의 교직원들은 1700여 명의 학생들(유아원~고교)을 섬기고 있다.

만방의 사명
"We make Multicultural Global Servant Leaders."

핵심가치
More Than a School, We Are a Family.
More Than a Teacher, You Are a Shepherd.
More Than a Student, You Are a Disciple.

홈페이지 www.manbangschool.org
전   화 070-7437-1238

자녀를 빛나게 하는
디톡스 교육

초판 1쇄 발행 | 2017년 4월 20일
개정판 1쇄 발행 | 2021년 1월 11일

지 은 이 | 최하진

펴 낸 이 | 최광식
펴 낸 곳 | 나무&가지
책임편집 | 지은정
북디자인 | 김한희
일러스트 | 고세인
마 케 팅 | 임지수, 김영선
등록번호 | 제 2017-000048호
주   소 | 서울시 서초구 강남대로 455, A동 511호
편 집 부 | **전화** 02-532-9578
이 메 일 | sevenpoweredu@gmail.com

ISBN 979-11-91366-00-6 03230

이 도서의 국립중앙도서관 출판시도서목록(CIP)은 e-CIP페이지(http://www.nl.go.kr/ecip)와
국가자료공동목록시스템(http://www.nl.go.kr/kolisnet)에서 이용하실 수 있습니다.